イマジネーションストレッチ

漫画 アキヤマ香
ストレッチ監修 前田修平
胸キュン向上委員会 編

メディアパル

はじめに

胸がキュンとすると、気持ちが高揚し、幸せな気持ちになりますよね。
見せないようにしてきた、人が人を想う、恋い慕う気持ちが、
突然のハプニングで見えてしまう。
つまり、「キュン」とは、無意識にあった気持ちが
ハプニングで出てきてしまうことです。

キュンとした本人は、キュンとすることで
改めて自分の気持ちを認識し、相手を意識してしまうでしょう。
キュンの気持ちは、想像するだけでも同じ気持ちになれるほど強いものです。

人が人を想う、恋い慕う気持ち「キュン」は、人を幸せだけでなく元気にしてくれる、
素晴らしい心の反応なのです。
本書は、そんな素晴らしい心の反応とストレッチを掛け合わせた

ほかに類を見ない斬新な1冊となっています。
「キュン×ストレッチ」
人は、ときめくことでストレス解消、アンチエイジング、
若返りなどの効果を得られるともいわれています。
運動が苦手な人や、３日坊主で運動を続けられない人でも
胸キュンをベースにしたこのストレッチを行えば、
継続することができ、１～２か月後の自分の体型の変化に
気づくことができるでしょう。

ぜひ、あなたの奥底でお休みしているキュンを取り戻してください。
そして、あなた自身がさらに輝きますように。

胸キュン向上委員会

イマジネーションストレッチ

目次

理想の自分を取り戻す！

ココロ担当

胸のときめき！

本書で妄想シーンのメンタルチェックを担当した大河内です。ボクがいいたいのは、この本を通して恋する意味に気づいてほしいということなんです。恋をすると感じる「心のときめき」。ときめくことによって、自分を磨くスイッチが入ったり、ダイエットが成功したりなど、いろいろな効果が体にもあらわれてきます。

しかしながらボクの恋愛では、そのときめきが長く続かない。結果、ときめきの効果よりも恋愛の労力に対して得られるモノが釣り合っていないと感じることが多かったんです。つまり、エネルギーの使い方を間違えていると思いました。いままでのボクは恋愛を続けるための胸のときめきを超えるワクワクを作り出すことができなかったんです。

この本は、そんな自分の経験から、恋する気持ちに焦点を当て、想像力の胸キュンからだけでもときめきの効果を得られるということを実感してほしいという思いでコメントしています。

これで、あなたの現実がうまくいけばOKですし、イメージだけで胸キュンしてもそれはそれでOK。正解はありません。

この本を通してみなさんも欲張りな妄想をしてみませんか？

シャイなんですが、テキストで偉そうなことを書くと胸がすきっとするんですよ。沙織さんの恋愛を本気で応援しちゃいました。あはは……

胸キュン向上委員会
メンタリスト

大河内心三郎

胸キュン向上委員会キャラクター。容姿端麗だが、好きな食べ物は「団子」と日本的。

キュン×ストレッチで

カラダ担当

ストレッチ

「ストレッチなんてしたくない！」「私、3日坊主だし……」「昔の私と違って、いまはおばさんだから誰も見てくれないし……」そんな、すべての言い訳を集め、「簡単と感じる」「持続できる」「確実に変化を感じる」このキーワードに響くストレッチばかりを前田修平先生に教えていただきました。「胸キュンするポーズ」を参考にして、より豊かな生活が送れるように、まずは10日間やってみましょう。

「ストレッチをやり続ければ胸キュンの相乗効果も手伝って体がラクになり、より美しくなっていくでしょう」

と前田先生がおっしゃっている姿を見て胸キュン向上委員会のメンバー全員が「かっこいい！」と先生にキュンとしてしまいました。

また、ストレッチのイラストは、この本の主人公が経験する胸キュンに憧れる女性をイメージし、毎日ストレッチをすることによって体系も顔も変化し、輝く様子を表現しています。

ストレッチモデル
Somoko

はじめて企画のお話を頂いたとき、珍しい切り口に驚きましたが画期的で面白いアイデアだなと思いました。やってみると本当に面白かったです！

ストレッチ監修
トレーナー
前田修平

本書の楽しみ方

胸のときめき×ストレッチという、前例のない企画なので、本書の進め方をまとめてみました。はじめる前に必ず読んでください。

STEP1
キュンを楽しむ

漫画と文章でときめく
メンタリストの解説とス
トーリーを盛りあげる
アイテム&ディティールつき

STEP2
キュンを再現

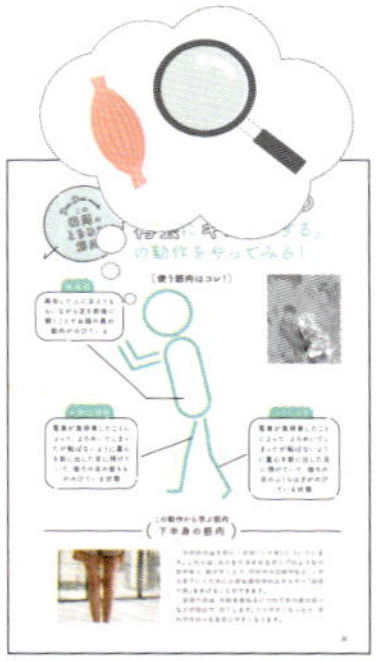

胸キュンシーンで
動く筋肉を知る
&
主人公になりきって
動作を再現!!

STEP3
ストレッチ

より効果のある
アレンジストレッチを実践！
ストレッチモデル
somokoを通して
美しく健康になっていく姿も
楽しめる

どれだけイメージできるかがカギ！

一説では、イメージしてワクワクすることは、ダイエットやアンチエイジング効果など、女性の美しさに直結しているともいわれています。本書ではその「イメージ（妄想）」にこだわっています。

誌面構成は「ココロ」と「カラダ」のページに分けた2部構成となっています。まずは、「ココロ」のページの漫画と文章などを読んで、自分の内側から溢れてくる胸（ハート）のときめきを感じてください。自分のときめきを感じることを恥ずかしがらず、目を閉じて情景にどっぷり浸ってください。

ときめきをたっぷりチャージしたら、ページをめくり、「カラダ」のページに入りましょう。前ページでときめいたシーンでどの筋肉が動いたのかなどをイメージしながら、実際にストレッチしてみましょう。最後に前田先生のおすすめのストレッチをすれば、ＯＫです。

各ページの見方

ココロページ

キュンストーリー
ライトノベル。漫画より詳しい設定で、物語の輪郭が浮かびあがる。感情移入しながらストーリーを細部まで楽しんで。

メンタルチェック
メンタリスト大河内心三郎による心理状態の分析。設定により変化する登場人物のココロの動きを2Dから3Dの解釈までに拡大し妄想にリアリティを加え、かつ私情を交えて解説します。

キュンを盛りあげるアイテム&ディティール
よりリアルに胸キュンのイメージ力をアップするために、物語に登場するアイテムやディティールを想像する材料を提案します。

シーン番号
22個の妄想シーンの何番目のシーンかがわかります。

胸キュンレベル
各シーンの胸キュンレベルを5段階で表記しています。

キュン漫画
イメージをすることが苦手な人でも胸のときめきをイメージしやすいように物語のいちばんの見せ場となる胸キュンシーンを漫画化。漫画家アキヤマ香先生による描き下ろし。

カラダページ

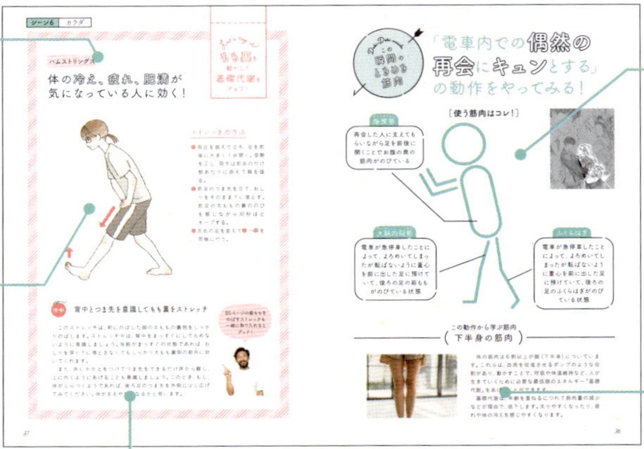

アレンジストレッチ（筋肉の種類と効果）
ときめき筋肉に関わるアレンジストレッチで使う筋肉、どういった人に向いているかがすぐにわかるようになっています。

アレンジストレッチの方法
ストレッチの動きをわかりやすいイラストで確認。日々ストレッチを続けていくことで変化が出てくるかも。

アレンジストレッチの解説
監修の前田先生によるアレンジストレッチを行う際のポイントや注意点などを解説しています。

主要筋肉
漫画でときめいたその瞬間に動いていた主要な筋肉「ときめき筋肉」を2～3つほど紹介。ときめきを頭で想像しながら主人公の動きをまねて筋肉を動かしてみよう。主要な筋肉についての豆知識つき。

この動作から学ぶ筋肉
上記に示したときめき筋肉をストレッチすることで得られる効果や、この筋肉を日ごろ動かさないとどんなデメリットがあるかなどを紹介。

イマジネーションストレッチ
キャラクター相関図

鈴木沙織

食品メーカーの広報部に勤める主人公。入社3年目で仕事をがんばっている。素直な性格で、かなりの怖がり屋。すぐに妄想しがち。趣味はバイク。

憧れの上司

面倒見がよい

君島拓也

沙織が秘かに憧れている上司。仕事ができて、何事もそつなくこなす気配り上手。なにかと沙織のことを気にかけてくれているような気がするが妄想かもしれない。

かわいい後輩

甘えてくる

会社の後輩

沙織と同じ会社の広報部の後輩。人懐こい性格からか、新人のわりに要領がよい。弱そうだが、こうと決めたときは強引に自分を通す。

会社の同僚A

沙織と同じチームの仲間。優しく沙織が無茶ぶりをしてもだいたいのことは許してくれる。

会社の同僚B

沙織と同じチームの仲間。気が合うのでいつも一緒にいる。一生懸命なときの沙織の天然な行動がツボ。

酒グセの悪い得意先

沙織がいつも仕事でお世話になっている相手だが、お酒の席で酔っ払うと絡んでくるタチが悪いタイプの男。

親切

なんだか暗くて怖い

困っている人
を助ける

感謝

**カフェで出会う
ガタイのイイ男**

イカつい見た目だが、親切でテキパキと動く。実は消防士で、沙織と会った日は非番だった。

**ダークな
雰囲気の男**

全身黒い服装の無口な男。Tシャツは趣味ではじめたバンドのオリジナル。困っている人がいたら助けなさいという祖母の教えに忠実に生きている。

**電車で出会う
イケメン**

沙織と同じ通勤電車にのるメガネのイケメン。細身でシュッとしていて弱そうにも見えるが、意外と力が強い。

感謝

困っている人を見つけたら黙っていられない

**高校時代の
沙織**

好き

かわいい
後輩

**高校時代の
先輩**

同級生や後輩から大人気のかっこいい先輩。沙織も憧れているが、なかなか近づけない。先輩が猫を拾っているところを偶然目撃して親しくなった。

面倒見がよい

憧れ

**テニス部顧問
の先生**

面倒見がよく、気さくで男女ともに生徒から人気の先生。スポーツができて骨太。沙織のこともよくみてくれている気がするけれど妄想かもしれない。

友達だった
けど……

**高校時代の
同級生**

同じクラスの男子。ふだんから沙織とふざけあえる気心が知れた仲。意外とモテている様子。イチゴ牛乳が好き。

イマジネーションストレッチを実践する前に知っておきたい！

ストレッチの実践方法

イメージしながらストレッチをする
「イマジネーションストレッチ」。
前田先生から聞いたストレッチの心がまえをまとめました。
胸キュンのいわばメンタル面のエクササイズを体感したら、次はフィジカル面のエクササイズ、つまりストレッチを学びましょう！

まずは楽しいと思うことが大事です！

トレーナー
前田 修平 先生

ちょっとした積み重ねで1週間後の体に現れる！

ストレッチとは、筋肉のコリを取り、柔軟性を持たせるために行う柔軟体操のこと。心をリラックスさせる効果もあるので、ゆっくり深い呼吸をしながらストレッチを行いましょう。

血行を促進して緊張やストレスでこりかたまった体がほぐれてラクになります。また、副交感神経が優位になり、体と心がリラックスすることでもストレス軽減にもつながります。

また、ストレッチは、運動をする前の準備体操として行う「動的ストレッチ」と筋肉の両端を意識し、のばすことに重点をおいた「静的ストレッチ」があります。

本書では、主に静的ストレッチを紹介しています。筋肉の両端が離れていくのをイメージして毎日30秒筋肉をのばしましょう。静的ストレッチでも筋肉は熱を発します。例えるなら、その熱はとろ火。火力は弱いものの毎日続ければ、リラックス効果だけではなく、筋肉が引き締まりきれいなボディラインを手に入れることもできます。

ストレッチに慣れてきたら30秒を2回、3回と回数を増やしていくといいでしょう。

ストレッチを行う時間帯は、血行がよくなっているお風呂上がりがベスト。イスや立って行うストレッチを中心にセレクトしていますが、床に座って行うストレッチは、マットを敷いて行いましょう。

ストレッチ初心者であれば、はじめの2～3日は、体の重だるさを感じ、途中でやめたくなるかもしれません。1週間ほど続けることで血行がよくなり、きっと体がラクになりますので、続けてみてください。

ストレッチを始める前の CHECKリスト

- ☑ ゆっくり深呼吸をしながらストレッチを行う
- ☑ 筋肉の両端を意識してゆっくりとのばす
- ☑ 一度に行うストレッチは欲張らず30秒でOK！ 毎日することが重要
- ☑ 1日30秒のストレッチに慣れてきたら 30秒を2回、3回と増やしていこう！
- ☑ ストレッチはお風呂に入った後に行うと血行がよくなり、効果的！
- ☑ すぐに効果を求めない！ 数日は、体のだるさを感じるが 10日ほどすれば体がラクになる

おすすめのGOODS

ストレッチと併用して使用するとよいのはこの3つ！

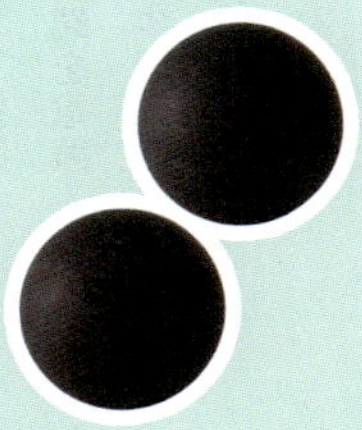

極厚ストレッチマット

¥3,980（税込）

ストレッチ時の痛みや余分な圧力を解消するマット。ストレッチに適した「厚み」と「弾力性」で、長時間の使用でも体への負担を抑え、正しい姿勢を保つ。

フォームローラー ソフトタイプ

¥1,780（税込）

手のひらや指で押されているような感覚が味わえるソフトタイプのフォームローラー。大小さまざまな大きさがあるので、好みに応じて使い分けができる。

マッサージボール

¥1,480（税込）

絶妙なサイズ感でピンポイントに筋肉にアプローチし、適度な刺激が筋肉の緊張をほぐす。持ち運びにも便利。変形しにくく、セルフマッサージに適した硬さ。

■問い合わせ　GronG オンラインショップ　https://shop.grong.jp/collections/stretch/

妄想シーン

01

大ピンチを救う!

メガネのイケメン好青年

胸キュンレベル

あらすじ

ハプニングにときめきの予感!?

食品メーカー勤務の沙織は、入社3年目。今日は、はじめて自分の企画が通り、プレゼンデビューする大切な日。「緊張してきちゃった。どうしよう?」そんなことを考えながら、いつもの電車にのったのもつかの間、沙織のカバンの端が電車のドアに挟まってしまう。

「え?どうしよう!大事な会議の資料も入っているのに……」と、急いでカバンを引っ張るものの、全く取れる気がしない。まわりの視線を感じ、恥ずかしさで、顔を真っ赤にして、その場に立ちすくんでしまった。

そんなとき「大丈夫ですか?」と、見知らぬ男性がサッとそばに近寄ってきてくれた。

沙織「カ……カバンが……」

恥ずかしさとまわりの視線に耐えられず緊張状態の沙織は、声が小さすぎてなにを言っているのかわからない。そんな沙織に男性は、「大丈夫ですよ」といわんばかりの優しい笑顔で微笑みかけ、カバンを一緒にドアから取り外してくれた。

動揺している沙織は、一礼するのが精いっぱい。誰とも目線をあわせないように下を向き、足元を見ているだけ。2駅ほど通過したところで、やっと落ち着きを取り戻した。お礼を言わなくてはと思い直し、顔を上げると、男性は電車から降りてホームを歩き始めている。

「助けてもらったのに感じ悪かったかな……」と落ち込む沙織。

結局、窓越しの男性に「ありがとうございます」と心の中でお礼を言うだけとなってしまった。

メンタルチェック

緊張感で恋愛感情に置き換わる心理!

この状況は、不安なときに、その場にいる相手に対して恋愛感情を抱きやすくなる心理状態の「吊り橋効果」が当てはまります。グラグラゆれる吊り橋が通勤電車に置き換わったとイメージしてみましょう。

電車という密室で予想外のアクシデントで緊張が一気に上昇。しかも、周囲は、見知らぬ人ばかり。「助けて!」と簡単にはいえない極限状態といえます。

この困難から救ってくれる見知らぬ男性は、カバンを一緒に取るという行為で、沙織との距離が1~2mの社会的心理距離から、45cm以内の恋人同士の距離間になり、親密度がアップし、キュンの心を揺さぶります。

キュンを盛りあげるアイテム&ディティール

車窓からの風景

いつもの車窓が哀愁漂う!

お礼が言えずに後悔しながら窓越しに見た男性はさらにイケメンに見えるから不思議!

リュックは前担ぎ

ふつうの担ぎ方よりも好感度アップ!

もはや混んでいる電車内でのマナーともいえるこの担ぎ方は、好印象しか与えない

Doki-Doki muscle
この瞬間のときめき筋肉

「見知らぬ人の優しさにキュンとする」の動作をやってみる！

［使う筋肉はコレ！］

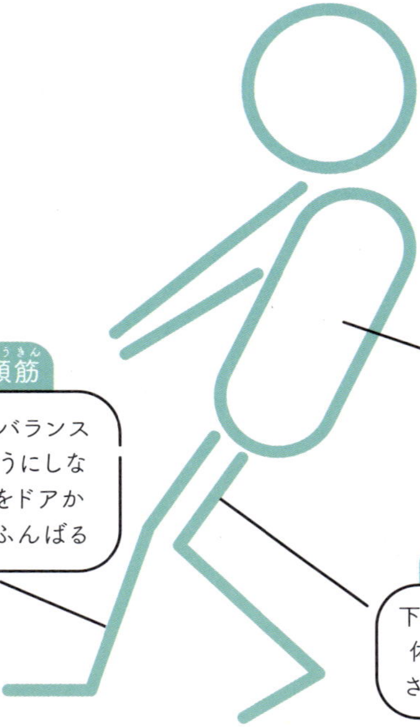
下腿三頭筋《かたいさんとうきん》
電車の動きでバランスを失わないようにしながら、カバンをドアから抜くためにふんばる
脊柱起立筋《せきちゅうきりつきん》
上半身を安定させ、カバンを引っ張る
ハムストリングス
下半身のバランスを取り、体の重心を後ろに移動させてカバンを引っ張る

この動作から学ぶ筋肉 （下腿三頭筋）

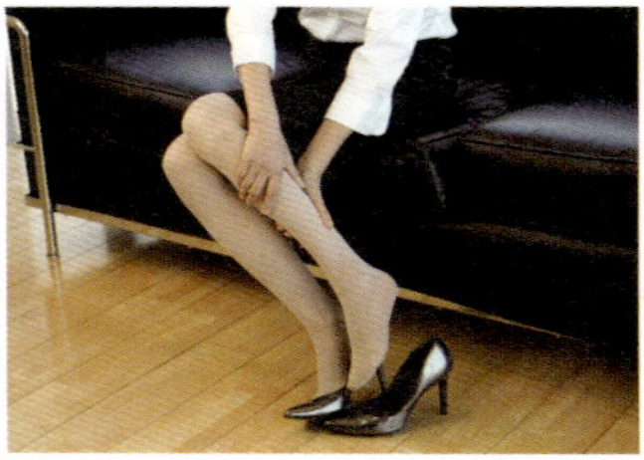

下半身のむくみは、寝不足やストレスなどによるホルモンバランスの乱れのほか、塩分の取りすぎ、血管やリンパ管のつまり、筋力の低下などが原因で起こります。

これを解消するには「第２の心臓」とも言われる下腿三頭筋（ふくらはぎ）を積極的に動かすストレッチをすること。血液やリンパ液の循環がよくなり、下半身のむくみ解消につながります。

Let's try it!
下半身のむくみを改善させる！

下腿三頭筋　腹横筋

同じ姿勢を取りがちな人の下半身のむくみに効く！

ストレッチの方法

❶つま先を閉じて、両足を揃えて立ち、左足を1歩後ろに引く。
❷右ひざを軽く曲げ、上体を股関節から前に倒す。両手は右ひざの上にのせる。このとき、左足のかかとは浮かさず、床につけて、左足のふくらはぎを30秒ほどのばす。
❸左右の足を変えて❶〜❷を同様に行う。

ふくらはぎののびをたっぷり意識する！

　このストレッチは、かかとを床につけてふくらはぎの筋肉をのばすことがポイントです。❷でひざを軽く曲げたときに反対の足のかかとが浮いている場合は、筋肉がじゅうぶんにのびていない状態なので、かかとを床につけるようにしましょう。
　なによりもストレッチは「筋肉がのびている」という感覚が大事です。もし、かかとを床につけようとして、足に痛みなどが出てしまい30秒間のばし続けられないようであれば、30秒間、のばし続けられるところでとめてOK。頭からのばした足のかかとまでが一直線になるように意識してみましょう。

まずは無理のない範囲で30秒間のばし続けることを意識しよう！

妄想シーン 02

手が触れただけで 心臓がバクバク！

胸キュンレベル

あらすじ
憧れの相手と急接近

電車での出来事をきっかけに「今日は、ついていないな。初プレゼンも失敗しちゃうかも?」とマイナス思考に陥ってしまった沙織。「気を取り直して頑張ろう!」と思い直し、プレゼン用の資料を参加人数分用意するものの、準備に思ったよりも時間がかかってしまい、慌てて会議室に向かう。

　会議室の手前にある角を曲がった瞬間、突然、ドンッとなにかにぶつかり倒れ込む沙織。

沙織「キャッ!」

　沙織は、誰かとぶつかってしまったのだ。用意した書類がバラバラと廊下に散らばってしまっている。「急いで拾わなきゃ」と思った瞬間、

君島「あ!ごめん大丈夫?電話していて気づかなくて」

沙織「き……君島さん……」

　なんとぶつかった相手は沙織の憧れの上司である君島卓也だった。胸が熱くなり、ドキドキが止まらない沙織。君島が床に落ちた書類を拾っているのを見て急いで自分も拾い出す。

沙織「こちらこそすみま……」

　と言いかけて言葉が止まる沙織。偶然にも君島の手に触れてしまったのだ。さらなる胸のドキドキを隠せない沙織は、急いで離れ、顔を真っ赤にしながらひたすら謝り続ける。

君島「平気、平気。それより急いで拾おう。会議、はじまっちゃうよね。今日の鈴木さんの企画を楽しみにしていたから」

　と拾い続ける君島を見て、沙織は、「素敵すぎる……」と再度憧れを持ってしまうのだった。

メンタルチェック
イメージしやすい構成はキュンを簡単に引き出せる

気になる人とのハプニングは妄想のネタの定番。昭和のころから、オフィスでの衝突シーンは数々の恋愛ドラマのお約束です。二人の仲を急速に進展させたり、好意を意識づけさせる狙いで、挿入されるシーンとして使われているのです。

　しかも、日常起こりうるケースなので、視聴者や読者も違和感なくイメージできます。

　このシーンのポイントは、偶然手が触れあったり、共同作業をする点。偶然が必然に変化することで、沙織さんがこれまで相手に気づかれないようにしていた好意が膨らみ、これから恋に発展していく予感が、キュンを生み出します。

キュンを盛りあげるアイテム&ディティール

オフィスの曲がり角

曲がる瞬間に期待してみて!

廊下の曲がり角は、曲がった瞬間になにが起こるかわからない恋愛ハプニングの宝庫です。

パラパラと舞う書類

ラブストーリーで起きる偶然に

散らばる書類は、ストップモーションのようにゆっくりときれいに散らばります。

Doki-Doki muscle
この瞬間のときめき筋肉

「憧れの上司の手に触れてキュンとする」の動作をやってみる！

［使う筋肉はコレ！］

ハムストリングス

憧れの上司の手が
触れて驚いて立ちあがる
ときにバランスを取る

脊柱《せきちゅう》起《き》立筋《りつきん》

かがんだ姿勢から
体を起こすときの
上半身を安定させる

大殿筋《だいでんきん》

しゃがんでいる状態
から驚いて立ちあがる
ときに倒れないように
バランスを取る

この動作から学ぶ筋肉
（大殿筋）

大殿筋は、骨盤とのつながりが強く、きれいな姿勢をキープするのに重要な筋肉です。運動不足や加齢によって大殿筋の筋肉量が減ってくると骨盤が前傾し、姿勢が悪くなります。そのままにしておくと腰痛、背中の痛みなどにつながるケースが多いです。

ストレッチを続ければ、きれいな姿勢をキープするだけでなく、ヒップラインのたるみも解消され、脚長効果も期待できます。

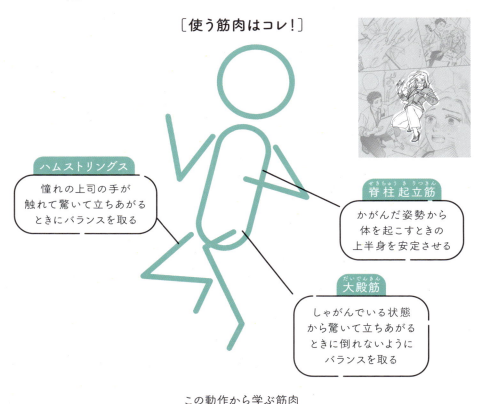

Let's try it!

おしりの筋肉をしっかりのばす

大殿筋

加齢による腰痛と下半身のむくみに効く!

ストレッチの方法

❶イスに座り、右足を左のひざの上にのせる。

❷足に胸を近づけるイメージで体を前方にゆっくり倒し、30秒ほどキープする。

❸左右の足を変えて❶〜❷を同様に行う。

physical

座ってできる簡単ストレッチ

大殿筋は、おしりの広範囲にある筋肉です。ストレッチの際、太ももの上にのせた足の位置で、筋肉ののびる位置が変わるので、いろいろな位置にずらしてストレッチをしてみましょう。

体がやわらかい人は、太ももに浅くひっかけて、このストレッチをするのがおすすめ。より、おしりの筋肉がのびているのを実感できるかと思います。また、上半身を前に倒す際、猫背になってしまうとストレッチの効果が期待できないので注意が必要です。猫背にならないように背筋をまっすぐにピンとのばし、上半身を倒すことを意識しましょう。

筋肉ののびをとても感じられるストレッチです!

妄想シーン 03

えっいきなり!?

背後からの急接近

胸キュンレベル

あらすじ

さらなるハプニングにドキドキが止まらない

無事に会議が終わり、沙織の初企画をブラッシュアップして採用されることになった。企画が通った喜びと責任が生まれたことに気を引き締める沙織。会議中に指摘された点を修正するため、必要な資料を探すことに。

資料が入っている段ボール箱を棚から取り出そうと手をのばしてみるものの、なかなか手が届かない。背のびをして何度か手をのばしてみると、段ボールが傾き、ぐらついて落ちてきそうな状況に。

沙織「きゃ！」

段ボール箱が落ちてくると思い、とっさに手をのばしたまま目を閉じてしまう沙織。ところが落ちてこない……。そして憧れの君島の「危ない！」という声が背後から聞こえたような気がする。

君島「危なかったな。もっと上司を頼ってくれよ」

と背後からはっきりと聞こえるため息まじりの声は、君島の声色。なんと、段ボール箱が落ちる寸前に、君島が現れて段ボールが落ちてこないように支えて助けてくれていたのだ。

沙織「は……はい……」

君島が後ろから支えてくれていると思うと、ドキドキがとまらない沙織。あまりにも距離が近すぎるので、「この心臓のドキドキが君島さんに聞こえてしまうかも？」と心配になってしまうほどだ。「このときめきがばれませんように」と祈りながら、振り返り、お礼を述べて急いで資料を持ってその場を去る沙織であった。

メンタルチェック

あえて距離をとって自然に気を引く

この場合は下心ではなく、善意と好意が混ざった行動です。君島さんは、おそらく沙織さんを見守っていて、困っていたらいつでも手助けできるように準備をしていたのでしょう。

しかも君島さんは「オレを」と言わず「上司を」とあえて、沙織さんとの距離感を作り出していますね。

心理的な距離がある場合、好意があればその距離を縮めたいと思うのは当然です。そして二人の体は接近しているので、沙織さんは当惑してしまいます。君島さんの言葉選びの巧みさで、ハプニングをきっかけに沙織さんの気持ちを自然に傾けさせた粋なふるまいですね。

キュンを盛りあげるアイテム&ディティール

清潔感のあるYシャツ

シャツのシワ感もチェック！

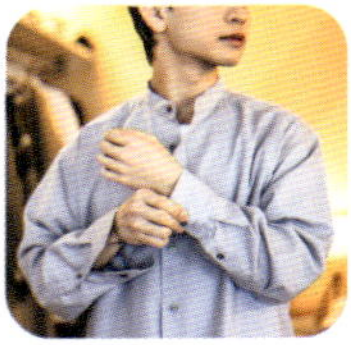

パリッとしたYシャツ姿の男性は、いかにも仕事ができる男らしさを感じさせる。

段ボール

ある程度の重さが必要！

自分の背丈より高い所に置かれた段ボールは、これから起きるハプニングを想像させる。

Doki-Doki muscle
この瞬間のときめき筋肉

「突然訪れた止まらないときめき」の動作をやってみる!

［使う筋肉はコレ!］

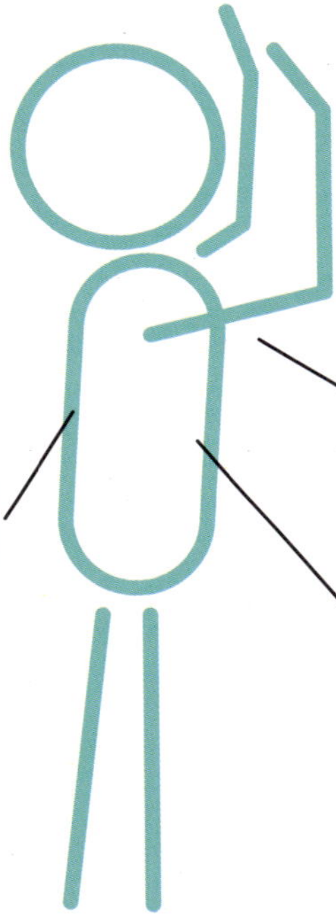

広背筋《こうはいきん》

段ボールを取ろうと腕をのばすことで自然と背筋ものびる

上腕三頭筋《じょうわんさんとうきん》

高いところにある資料が入った段ボールを取ろうとして腕をのばす

腹直筋《ふくちょくきん》

腕をのばすことで肋骨の位置が上がり、お腹の筋肉が同時にのびる

この動作から学ぶ筋肉

(インナーマッスル)

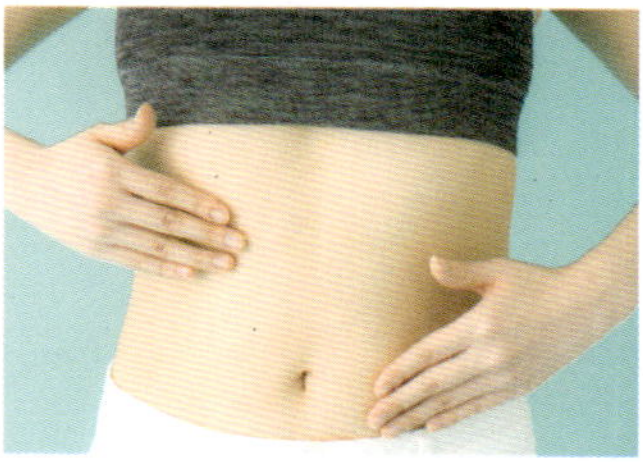

一見、腕を上にのばすだけに見えるこの動きは、腕の筋肉だけでなく、腕に引っ張られて、お腹と背中の筋肉も同時にのびています。

腕を高く上にのばすことで広背筋がのび、マッサージなど外側からは届かないインナーマッスルにも働きかけます。この動きで肩こりや腰痛などが改善することもあります。よく、仕事などで疲れたときに「ふうー」と腕をあげる動作も同様の効果があります。

Let's try it!
一度に3つの筋肉にアプローチ!

上腕三頭筋　腹直筋　広背筋

猫背などの姿勢を整えて体幹を強化する!

ストレッチの方法

1. 両足を肩幅くらいに開いてまっすぐ立つ。
2. 両手を上にあげ、頭の上で手のひらをあわせる。
3. 顔をあげて2でのばした手を見ながらそのまま30秒ほど姿勢をキープする。

physical

一気に3か所に効く!簡単ストレッチ

腕、お腹、背中の3つの筋肉をのばしていると意識するのがポイントです。 人によってのびている場所や感覚が異なりますので、どこがのびているかを感じながら挑戦してみましょう。

背中の筋肉は、ほかの筋肉とくらべて長く、筋肉ののびを感じにくい場合もありますが、もし、あなたがこのストレッチをして背筋ののびをより感じるのであれば、反り腰ぎみの傾向にあります。一方、お腹ののびを強く感じるのであれば、猫背気味の傾向が。このストレッチを通して自分の体の状態をチェックするとよいでしょう。

腕、お腹、背中ののびを感じながらやりましょう!

妄想シーン

04

甘くほろ苦い!?
不意打ちアタック!

胸キュン
レベル

シーン4 ココロ

あらすじ

ハードワークが幸せな瞬間にかわるとき

　ここ数日、次のプレゼンに向けての資料作りのため、残業している沙織。机の上には高く積みあげられた修正に必要な書類の山。残業は大変だが、直属の上司の君島も日々、残業しているので、同じ空間に少しでも一緒にいられることが嬉しくて苦にならない。

君島「じゃ、今日は、そろそろ先に帰る。お疲れさま」

と沙織に声をかけ、帰っていく。

沙織「お疲れさまです」

と言いつつも、君島が先に帰宅してしまうことに寂しさを感じる沙織。「ダメダメ!」と気を取り直し、仕事に集中し直す。

　時間は経過し、20時。沙織は、いまだ残業中。「そろそろ休憩しようかな?」と思っていた瞬間、ゴトッと左側から音が。

　驚いて見あげると先に帰ったはずの君島が沙織の机に紙袋を置いている。

沙織「えっ!?」

君島「やっぱり。まだやってたんだ。差し入れ。お疲れさま」

と笑顔でひと言伝え、紙袋を置いて君島は出ていってしまう。

沙織「あ……ありがとうございます……」

　後ろ姿の君島に声をかけ、紙袋を開けるとホットコーヒーと人気店の焼き菓子が入っていた。

「このお店、人気で並ばないと買えないのに……。もしかして君島さん、私のために並んでまで買ってきてくれたのかな?……」などと考えると、ドキドキして、耳まで真っ赤になってしまい、仕事に集中できなくなってしまう沙織だった。

メンタルチェック

寂しくさせてから大喜びさせる決まり技!

　部下の仕事をちゃんと見ている君島さんの、下手をするとテンプレに見えてしまうかっこいい行動は、沙織さんの気持ちをとらえます。

　しかし、まだここでは、思いやりのある上司と部下なのか、好意を寄せあう男女なのか判然できません。それにしても、あらわれるタイミングといい、焼き菓子のチョイスといい、スマートな声掛けと渡し方といい出来すぎです。理想の上司、理想の恋人に決定ですね。二人の距離はさらに縮まるでしょう。

　沙織さんは、ねぎらいと愛情、そして小腹も満たして気分上々で辛い残業をのりきることでしょう。

キュンを盛りあげるアイテム&ディティール

オフィスの時計

20:00くらいの時間がベスト!

そこそこの残業の時間帯がポイント。登場時間が早くても遅すぎてもドキドキしない。

温かいコーヒー

上司のやさしさが嬉しい!

憧れの人がコーヒーを買って戻ってきてくれたやさしさに、つい笑顔が溢れてしまう。

Doki-Doki muscle
この瞬間のときめき筋肉

「憧れの上司の差し入れにキュンとする」の動作をやってみる！

〔使う筋肉はコレ！〕

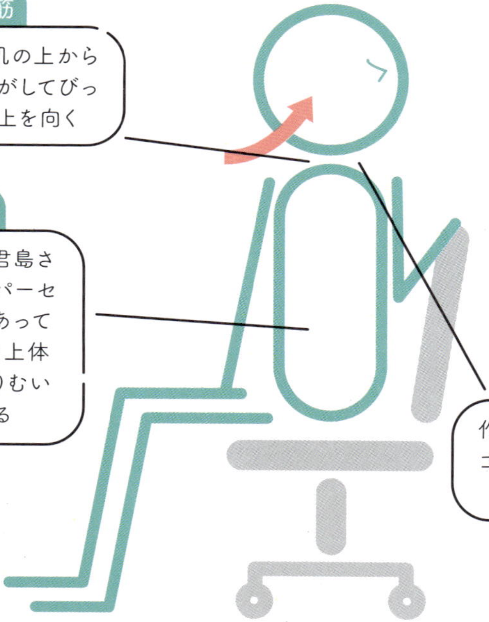

斜角筋《しゃかくきん》

作業中、突然机の上からゴトッという音がしてびっくりして斜め上を向く

腹斜筋《ふくしゃきん》

「もしかして？君島さん？」という数パーセントの期待もあってか、座ったまま上体をひねってふりむいて確認する

胸鎖乳突筋《きょうさにゅうとつきん》

作業中、突然机の上からゴトッという音がしてびっくりして斜め上を向く

この動作から学ぶ筋肉

斜角筋

成人の頭部の重さは、体重の10％程度（約５～６kg）といわれており、この重さを首で支えています。長時間、同じ姿勢でパソコンを眺めて作業をしていたり、スマートフォンを長時間見ていたりすると、自然と前かがみになり、首にかかる負荷が増えストレートネックになる可能性があります。

また、首の奥の斜角筋がこりかたまってしまうと、首や肩のコリ、頭痛などが起こる可能性が高いです。

Let's try it!

首まわりをスッキリさせる！

斜角筋　胸鎖乳突筋

パソコンやスマートフォンを見すぎる人の首や肩のコリに効く！

ストレッチの方法

❶イスに座り、まっすぐに前を向き、背筋をのばす。

❷右手をまっすぐに上に上げたら、左耳に添える。そのまま頭と手の重みだけを利用して、首を右側にゆっくりと倒し、30秒ほどキープし、ゆっくりと首を元の位置に戻す。

❸左右の手を変えて❶〜❷を同様に行う。

physical

首や肩こりの改善だけでなく、美容にもつながる！

首や肩こりの改善や落ち込んだときに気分をリフレッシュさせる効果が期待できるストレッチですが、首を倒す際、肩も一緒に動かしてしまうと、じゅうぶんに筋肉がのびないので首を動かさないように注意しましょう。余裕がある人は、反対の手で、イスの座面をつかめば、さらに筋肉がのび、ストレッチ効果が強まるのでおすすめです。

また、このストレッチを続けることで、首や肩のコリだけでなく、顔のたるみや首のシワ改善、フェイスラインの引き締めなど、アンチエイジングにも効果的です。

斜め上を向きながら首を倒すパターンも効果的ですよ！

妄想シーン

05

素直になれない私……

強めの口調にドキッ！

胸キュン
レベル

あらすじ

憧れの人の優しさを素直に受け取れる?!

努力の甲斐があり、会社創業30周年のイベントのひとつに沙織の企画が選ばれた。このイベントは、屋外開催予定なので、憧れの上司、君島と一緒に下見として、別の屋外イベントに参加することに。

今日の天気予報は曇りだったのだが、パラパラと雪が降りだす始末。沙織は、薄手のコートで参加していたため、寒くて震え始める。

君島「鈴木、大丈夫か?唇が青いぞ?よかったら、これ羽織れよ。まだ、もう少し見たいし」

寒そうな沙織に気づいた君島が上着を肩にかけてくれた。

沙織「だっ大丈夫です!君島さんが風邪ひきます!」

申し訳なさと君島のコートを着た自分を考えると恥ずかしさでいっぱいになり、全力で遠慮してしまう沙織。

君島「俺は大丈夫だから。遠慮せず、羽織ったほうがいいよ」

沙織「大丈夫です!」

しばらくこのような押し問答が続いた2人だったが……。

君島「こんなときに強がるな!!」

と君島の強めの口調にハッと我に返る沙織。「君島さん。本気で私のことを心配してくれている……」と君島の優しさに心の底から温かい思いが溢れてくる。

君島「ほら。遠慮するな」

と差し出されるコート。

沙織「あ……ありがとう……ございます……」

君島の上着を素直に受け取り、自分の肩にかける沙織。君島の優しさを感じてあたたかい空気に包まれた。

メンタルチェック

寒さと恥ずかしさで判断力低下 強い口調が平常心を取り戻す

人が身に着けている物は、その人の一部であるといっても過言ではありません。ましては、意中の人の物であればなおさらで、君島さんの体温が感じられる?あたたかいコートの差し出しは、願ってもない状況です。

しかし沙織さんは、恥ずかしさのほうが勝り、とっさにNGを言い渡してしまいます。君島さんはこの「おあずけ」にひるまずグイッと距離を縮めてきました。これは、遠慮がちな沙織さんから断られることが想定内だったと考えられます。いつもと違う少し強めの口調で伝えることで「風邪をひかせたくない」という思いを沙織さんに気づかせるあたりは、さすがです。

キュンを盛りあげるアイテム&ディティール

突然ふり出す粉雪

空から降り続ける雪は神秘的!

雪は、憧れの人をさらに素敵に見せてくれる効果も。二人の距離感もグッと近くなるはず!?

大きめの男性用コート

憧れの人の香りに包まれて幸せ!

憧れの人の少し大きめのコートを羽織る行為は、女性にとって嬉しい反面、恥ずかしさも感じる。

Doki-Doki muscle
この瞬間のときめき筋肉

「憧れの上司の上着を羽織ってキュンとする」の動作をやってみる！

［使う筋肉はコレ！］

僧帽筋《そうぼうきん》

憧れの上司に上着を返そうと腕をのばしているときに、肩甲骨が外側に広がって背中の上半分の筋肉がのびる

上腕三頭筋《じょうわんさんとうきん》

想像したこともなかった突然の出来事にびっくりし、憧れの上司から差し出された上着を返そうとして腕をのばす

下腿三頭筋《かたいさんとうきん》

「上着を羽織ってほしい」「借りられない（恥ずかしい）」の押し問答をする際、両足を開いてバランスを取る

この動作から学ぶ筋肉

（上腕三頭筋）

パソコン作業、車や自転車の運転をしているときなど、日々の何気ない動作のほとんどは手の甲は上を向き、腕（上腕三頭筋）を内側にひねっている状態です。姿勢が悪く猫背になり、肩が内側に巻き込まれても自然と腕はねじれてしまいます。

腕のねじれをそのまま放っておくと、慢性的な首の痛みや肩こり、背中の痛みなどが出てくる可能性も。定期的にストレッチでほぐすのは効果的です。

Let's try it!
より美しい腕になる

大胸筋

ふだん気づかない腕のねじれを解消して肩こりを改善する！

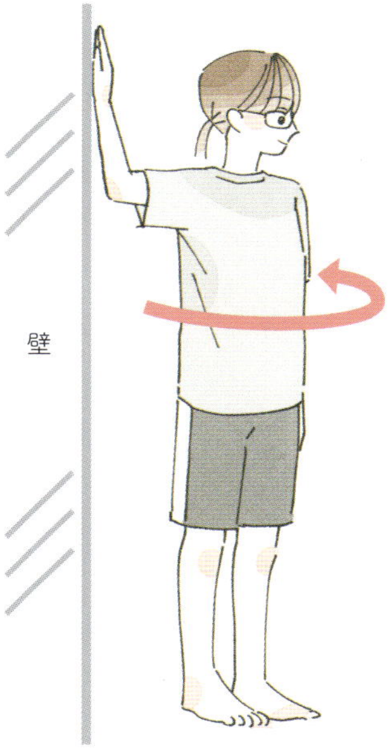

ストレッチの方法

1. 壁に右手をつく。このとき、腕の位置は肩の高さくらいで、ひじが壁につかないくらい（40cmほど）体を壁から離す。
2. 胸にのびを感じるくらいまで上体を外側（左側）にひねり、30秒ほどキープする。
3. 左右の手を変えて1〜2を同様に行う。

胸の筋肉を意識しましょう！

二の腕をほっそりさせたいときは、二の腕の筋肉に効果があるストレッチを行うだけではなく、腕のねじれを解消する胸の筋肉「大胸筋」を動かすストレッチが効果的です。

ポイントは腕の位置。ひじが肩の位置と同じくらいの高さになるくらいでじゅうぶんストレッチすることができるので上にあげすぎなくて大丈夫です。外側に上体をひねりながら、腕ではなく、胸の上のほうの筋肉ののびを感じることも大切です。壁さえあれば、どこでもできるストレッチなので、ちょっとしたすき間時間にやってみましょう。

手のひらサイズのマッサージボールを使って胸の筋肉をケアする方法もありますよ！

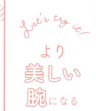

妄想シーン 06

偶然が必然に思える……

運命の出会い!?

胸キュンレベル

あらすじ

こんな偶然あり？まるでドラマのような再会！

プロジェクトも順調に進み、毎日忙しいながらも充実している沙織。得意先への打ち合わせに向かうために電車での移動中、車内アナウンスで電車の遅延情報が流れてきた。どうやらこの先の駅で事故があったようだ。

「このままじゃ、打ち合わせに遅れちゃうかも？」と焦った沙織は、スマートフォンで、運行状況や別ルートを確認しはじめる。そんな中、突然、電車が急停車し、つり革を握っていなかった沙織は、バランスを崩し、前に倒れ込んでしまいそうになる。

沙織「わっ！（転んじゃう！）」

その瞬間、正面にいた男性が沙織を支えて助けてくれたのだ。

男性「大丈夫ですか？」

沙織「あっ……」

助けてくれた男性は、以前、電車のドアに挟まったカバンを取ってくれた男性だったのだ。

男性「あっ……この前の……」

男性も沙織に気づき、微笑みながら優しく声をかけてくれた。

沙織「この間はありがとうございました。きちんとお礼が言えなくて。あのときは、本当に～」

と、以前伝えられなかった感謝の気持ちが溢れてきて話しが止まらない沙織。ひと通りお礼を言って、我に返ると、男性に抱きしめられているような距離の近さだということに気づき、恥ずかしくなってパッと離れる。

男性「あはは。面白い方ですね。また機会があれば、どこかで」

微笑みながら一礼し、その場を離れる男性。その自然な所作と、まばゆい笑顔にキュンとしてしまう沙織であった。

メンタルチェック

意中の男性がいても気になる人は出てくるもの！

いつでも素敵な男性をたくさん見ていたいのは、誰もが思うことでしょう。そして出会いというハプニングは、どこにでも転がっています。今回のケースは、名前は知らないけれど助けてくれたいい人。これが、二度目の出会いになると話が違ってきます。偶然が運命的に感じられ、しかも好みのタイプならなおさらドキドキ感が加速します。

沙織さんが君島さんのことを思いながらも運命の悪戯に心が揺れ動かされてしまうのは、自然なこと。しかも体と顔が近づきすぎたことで、この男性の記憶がより強く焼きつきます。つまり、沙織さんの気になる男性の一人になったといえますね。

キュンを盛りあげるアイテム&ディティール

おしゃれなメガネ

メガネは知的に見えるアイテム！

個性的なメガネは偶然会ったときに、メガネの印象ですぐに思い出してもらえる確率がアップ！

揺れるつり革

電車によってさまざまな形がある！

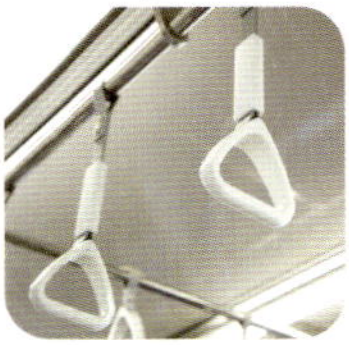

つり革を見ながら「急停車で運命の人と出会えるかも？」と思っているとキュン度もアップしそう

Doki-Doki muscle
この瞬間のときめき筋肉

「電車内での偶然の再会にキュンとする」の動作をやってみる！

［使う筋肉はコレ！］

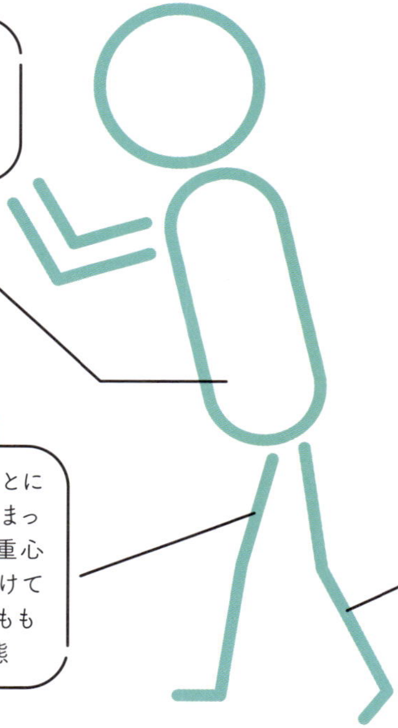

腸腰筋《ちょうようきん》

再会した人に支えてもらいながら足を前後に開くことでお腹の奥の筋肉がのびている

大腿《だいたい》四《し》頭筋《とうきん》

電車が急停車したことによって、よろめいてしまったが転ばないように重心を前に出した足に預けていて、後ろの足の前ももがのびている状態

ふくらはぎ

電車が急停車したことによって、よろめいてしまったが転ばないように重心を前に出した足に預けていて、後ろの足のふくらはぎがのびている状態

この動作から学ぶ筋肉

（下半身の筋肉）

体の筋肉は6割以上が脚（下半身）についています。これらは、血流を促進させるポンプのような役割があり、動かすことで、呼吸や体温維持など、人が生きていくために必要な最低限のエネルギー「基礎代謝」をあげることができます。

基礎代謝は、年齢を重ねるにつれて筋肉量の減少などが理由で、低下します。太りやすくなったり、疲れや体の冷えを感じやすくなります。

Let's try it!
もも裏を
動かして
基礎代謝を
アップ!

ハムストリングス

体の冷え、疲れ、肥満が気になっている人に効く!

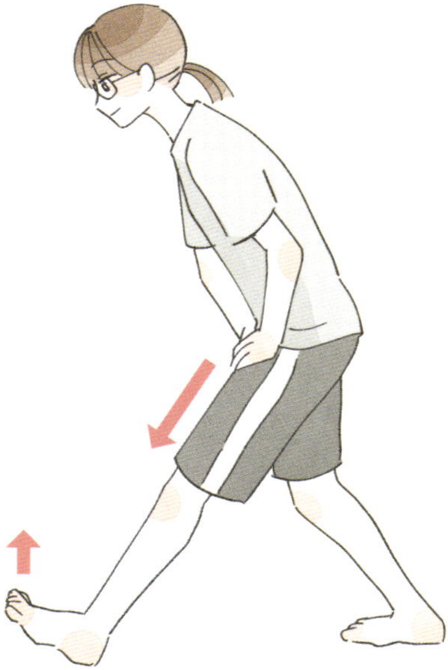

ストレッチの方法

❶両足を揃えて立ち、足を前後に大きく1歩開く。姿勢を正し、両手は前足の付け根あたりに添えて胸を張る。

❷前足のつま先を立て、おしりをそのまま下に落とす。前足の太ももの裏ののびを感じながら30秒ほどキープする。

❸左右の足を変えて❶〜❷を同様に行う。

physical

背中とつま先を意識してもも裏をストレッチ

このストレッチは、前にのばした脚の太ももの裏側をしっかりのばします。ストレッチ中は、背中をまっすぐにして丸めないように意識しましょう。背筋がまっすぐの状態であれば、おしりを深く下に落とさなくてもしっかり太もも裏側の筋肉に効いてくれます。

また、床にかかとをつけてつま先をできるだけ床から離し、上に向くようにあげることも意識しましょう。このとき、もし、体がふらつくようであれば、後ろ足のつま先を外側に少し広げてみてください。体が支えやすくなるかと思います。

85ページの前ももをのばすストレッチも一緒に取り入れるとグッド!

妄想シーン

07 私だけにしてくれた 素敵なコト！

胸キュン
レベル

あらすじ

自分勝手な特別感を味わう

今日は会社のボーリング大会。朝から沙織は憂鬱である。それもそのはず、沙織はボーリングが大の苦手だからだ。

毎年、仮病を使ってでも休みたいと思っているのだが、今年は別。理由は、憧れの君島と同じチームになれたからだ。しかも各チーム2人ペアで進むゲーム展開で、偶然にもなんと君島とペアになったのだ。

いざ、ゲームがスタート。

沙織が先行で1回投げ、その後、君島が1回投げるというルール。ドキドキしながら投げた沙織のボールは、なんとか1本ピンを倒した。ほかのチームは、ストライクなどが出て盛り上がっている。「恥ずかしい。私、やっぱり仮病使って来ないほうがよかったかな？」と落ち込みだす沙織。

君島「どんまい！鈴木さん。まだまだこれからだよ」

優しく、沙織に言葉をかけると君島はコースに向かい、ボールを投げ、見事スペアを取り、沙織のミスをカバーした。

君島への拍手喝さいが沸き起こり、それに手をふり、握手をしてこたえる君島。「やっぱり、かっこいいなー」と君島に見とれている沙織。そんな沙織に気づいた君島が満面の笑みでかけ寄り、目の前に来ると

君島「ほらっ。鈴木！」

と沙織にだけ、ハイタッチをしてくれた。一緒のチームとして達成した嬉しさと、私にだけハイタッチをしてくれたという特別感へのときめきを隠せない沙織であった。

メンタルチェック

好意を周囲にも伝えることで気持ちの垣根が消えてしまう

ボーリングという非日常のシーンで、みんなの前で自分だけ特別扱いされるのは、恥ずかしくても嬉しいのが本音でしょう。ボーリング場でのやりとりは、さしずめ合コン状態で、解放感も手伝って、会話も体もいつもより近づきがちなので、意中の人との距離を縮める絶好のチャンスです。

君島さんは沙織さんだけにハイタッチすることで、好意を周囲に公開しているとも考えられますね。もちろん、それにこたえた沙織さんの好意もみんなに伝わることになります。まわりに両思いの仲と認められると抑えていた気持ちの垣根が消え、交際に発展しやすくなります。

キュンを盛りあげるアイテム&ディテール

ハンドドライヤー

ボーリング好きには、必須の動作！

意中の相手だとボーリング場のハンドドライヤーで指を乾かすしぐさもかっこよく見える！

ハイタッチ

特別感が出しやすい！

身長差がある場合のハイタッチは、身長が低いほうがつま先立ちになり、キュン度が増す結果に。

Doki-Doki muscle

この瞬間のときめき筋肉

「憧れの上司が私だけにしてくれたハイタッチにドキッ!」の動作をやってみる!

〔使う筋肉はコレ!〕

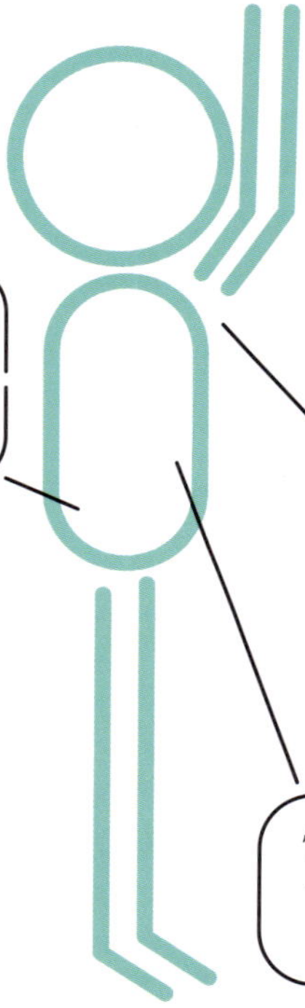

骨盤底筋《こつばんていきん》

憧れの上司とハイタッチをするのに手を上にあげて、つま先立ちをすることで上下に筋肉を引っ張る

前鋸筋《ぜんきょきん》

突然の「ハイタッチをしたい」という憧れの上司からの要望に応えるべく、とっさに手を上にあげる

腹直筋《ふくちょくきん》

憧れの上司とハイタッチをしようとバンザイの姿勢になる

この動作から学ぶ筋肉 (腹直筋)

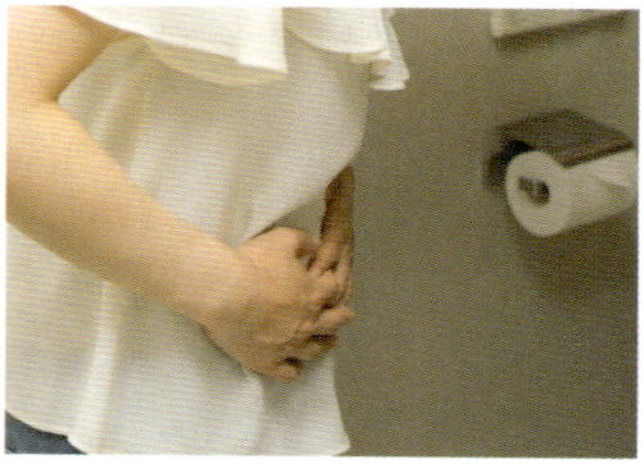

腹直筋が弱いと腰痛、肩や首のコリなど、多くのトラブルを引き起こすといわれています。その中でもとくに女性に多いトラブルが「便秘」。

女性は男性にくらべ、腹直筋が弱い傾向にあり、女性特有のホルモンも作用して、便秘になりがちです。日本の女性の半数以上が便秘ともいわれています。便秘が原因で肌荒れや肩こりなど、全身に影響が出ることもあります。

Let's try it!
便秘を
改善
させる！

骨盤底筋

便秘で悩んでいる人のお通じ改善に効く！

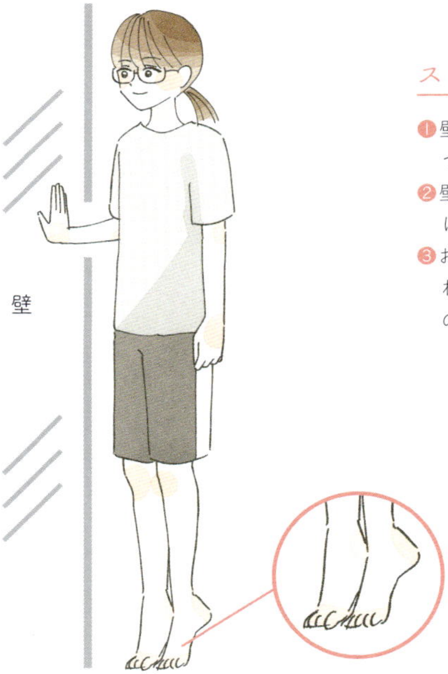
壁

ストレッチの方法

1. 壁の近くで両足を閉じて立つ。
2. 壁に手を添えてかかとをあげてつま先立ちをする。
3. おしりとお腹に軽く力を入れて30秒ほどつま先立ちの状態をキープする。

physical

女性に多いお悩みにアプローチ！

このストレッチは、体を動かす「動的ストレッチ」の分類に入ります。足を閉じてつま先で立つのがポイントです。「つま先立ちなんて簡単！」と思われるかもしれませんが足を閉じて力を入れて安定させようとすると結構きつい運動となります。下腹に力が入り、その上にある腸が刺激され、お通じに繋がります。なにも道具を用意しなくてもできるので、洗い物の合間などにやってみてもいいでしょう。

もし、つま先立ちを30秒キープできなければ、イスに座り、ハンカチをひざに挟んでキープすることからはじめてみましょう。

骨盤底筋を鍛えると
夜のトイレの回数が
減ることも！

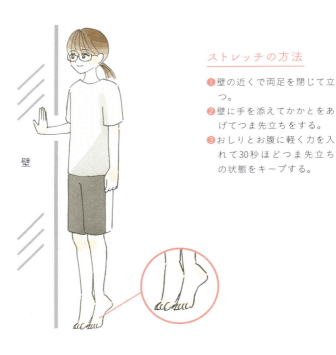

妄想シーン

08

一生の宝物？

不意打ち！ツーショット写真!!

胸キュン
レベル

あらすじ

憧れの人との宝物をゲット!

沙織の初企画のプロジェクトが無事に終わり、プロジェクトチームのメンバーで、食事に出かけることに。気の合う仲間と大いに盛りあがる一同だが、そんな中、少し元気がない沙織。それは、参加予定だった君島に急な仕事が入り、参加できなくなったから。「本当は、君島さんも一緒にお祝いしたかったな……」と寂しい気持ちになっていると。

君島「悪い!遅くなりました!」

と君島が突然、入ってきた。沙織のいる場所を確認し、沙織の隣に座る君島。「え?私の隣に座ってくれた!!」沙織は顔が真っ赤になり胸のドキドキを隠せない。

君島「鈴木さん。おめでとう! そしてプロジェクトのみんな、おつかれさま!乾杯!」

と再度乾杯をし、談笑へ。

あっという間に時間がすぎ、最後に集合写真を沙織が撮ることに。「撮影者も入るように」というオーダーを受けたものの、悪戦苦闘する沙織。そんな沙織を見かねた君島は突然、沙織の手首を持ち

君島「もう少しこっち」

と君島のほうに引き寄せた。沙織は、突然の接触にドキドキがマックスになり、スマートフォンを落としそうになりながら撮影。結果、君島とのツーショット写真になってしまった。

その後、店員に集合写真を撮ってもらうことに。その間「君島さんとツーショット撮っちゃったー」と、心の中で叫び続けるのであった。

メンタルチェック

「好き」をオープンにフェーズ2にシフト

もはやこのシーンでは、二人が好意を寄せあっているのは、周知の事実となっていますね。

認められた仲と考えると職場恋愛のタガが外れ気持ちを隠す必要がなくなります。君島さんは、てらいが消えて、躊躇なく大胆な行動に出ています。沙織さんの行動を観察しながら自分の気持ちを割り込ませています。

君島さんは来るべき「好きだ」の告知のための準備段階に入っていると考えてよいでしょう。

もちろん腕にさりげなく触れるのは、より親密になるための通過点ですが、お互いの好意がはっきりと確認できていないこの時期の微妙な距離感がキュンを面白くする要素です。

キュンを盛りあげるアイテム&ディティール

仲間との乾杯シーン

場が和む雰囲気になればOK!

「乾杯ー!」の音頭を取る姿は、チームのリーダーとしての存在感をじゅうぶん感じ取れる。

スマートフォンの操作

軽く触れあえる可能性に期待!

食事会で、集合写真を撮りたがるのはよくあること。撮影するときの所作も見られている!

Doki-Doki muscle
この瞬間のときめき筋肉

「ドキッとする不意打ちフレームイン!」の動作をやってみる!

［使う筋肉はコレ!］

上《じょう》腕《わん》二《に》頭《とう》筋《きん》

憧れの上司に手首を持たれて、ひじが曲がってしまう

胸《きょう》鎖《さ》乳《にゅう》突《とつ》筋《きん》

写真を撮るときに自分の顔が少しでも小顔に映るためにあごを引く

僧《そう》帽《ぼう》筋《きん》

スマートフォンで撮影するためにスマートフォンをかまえて、チームのみんながフレームの中に入るようにできるだけ手を遠くにのばす

この動作から学ぶ筋肉

（上腕二頭筋）

家事や仕事など日常生活で前屈みの姿勢になりがちです。そうすると上腕二頭筋がこりかたまり、縮こまって短くなってしまいます。体は、その縮んだ分、バランスを取ろうとして自然と肩があがります。

そのままでいるといつのまにか疲労がたまり、理由がわからないコリなどの症状がでてきてしまいます。そのまま腕を酷使してしまうと、頭痛や肩こり、目の疲れなどにもつながります。

Let's try it!
慢性的な腕の疲労を取る!

上腕二頭筋

日常生活で知らずに使った腕の疲労に効く!

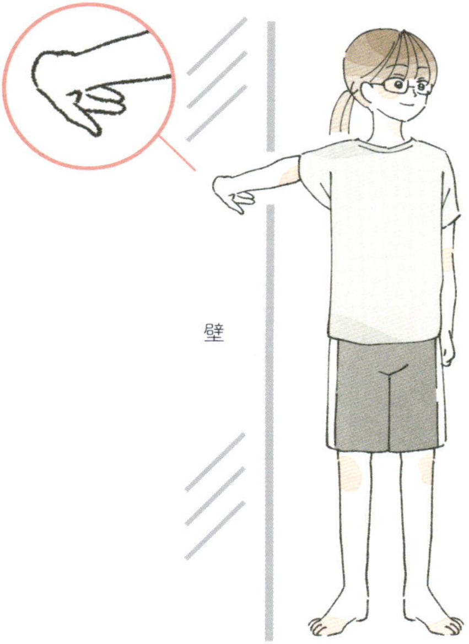
壁

ストレッチの方法

❶右手をのばして壁に少し当たるくらいの位置に立ち、右手を肩の高さまで上げる。このとき手のひらが床を向くようにする。
❷右手の甲を壁に軽く押し当てて、上半身を左にねじり、30秒ほどキープする。
❸左腕も❶〜❷を同様に行う。

日々のリセットで不調の悪循環を断ち切る!

このストレッチは、日常よく動かす腕の動きと逆の動きになります。ふだんよく使う筋肉をのばすことで、リセットされ、腕の疲労回復が期待できます。

女性は上半身の筋力が弱い人も多いので、手を壁につけて行うことで、ラクにこの腕の筋肉をのばすストレッチを行うことができます。

ポイントは、腕の位置。腕は肩より下の位置にある状態でもじゅうぶんに筋肉がのびるので、座っているイスの背もたれに腕をのせて、上半身をねじるだけでもストレッチ効果があります。

頑張りすぎて
腕の上げすぎに
要注意!腕を
痛めてしまうことも

妄想シーン

09 いつでもどこでも 告白は受けつけますが……

胸キュンレベル ♥♥♥♥♥

あらすじ

憧れの人からの告白は突然！

今日は、クライアントとのキックオフ兼食事会の日。憧れの君島も同席するため、朝から浮かれっぱなしの沙織。

お店に向かう道中、君島から「担当の林さんは、お酒飲むと性格変わりやすいから絡まれないよう注意するように」と注意を受ける。会食は無事に終了し、ホッとしたのもつかの間、林から声をかけられる沙織。

林「鈴木さ〜ん、帰っちゃうの？　2人でもう一軒いこうよ〜」

沙織「この後も仕事が残っているので」

林「いいじゃん。鈴木さんは彼氏いるの？」

いつもお世話になっている相手なので無下に断ることもできず困ってしまう沙織。「これって絡まれているのかな？」と思っているところに君島がグイッと沙織の腕をつかんで自分のほうに引き寄せた。

君島「林さん、すみません。実は僕たち付き合っているんです」

林「え？　あ。そっか。ごめんね」

とそそくさと帰っていく林。

沙織は、思いがけない君島の告白にドキドキが止まらないものの、落ち着いて考えたら、林さんの絡みから助けてくれただけだと思い返すことに。

沙織「ありがとうございました」

君島に告白されたと勘違いしてしまった自分が恥ずかしいと思いながらお礼を言う。

君島「さっきの本気だから。鈴木さんのこと好きです」

突然の告白にドキドキが止まらない沙織。「夢？」と何度も手の甲をつねるのであった。

メンタルチェック

チャンスを逃さない君島。タイミングが絶妙すぎる！

君島さんの告白は、想定外の隙をついて自分の気持ちを出すのが巧すぎです。アドリブがきいて、どんなシチュエーションでも自分のポジションが取れる男性の鑑ともいえます。

もちろん、沙織さんのヘルプコールを察知し、それに反応する形をとっていますが、このシーンではクライアントを踏み台にしたカタチとなってしまっています。しかし、君島さんなら、ビジネスマンとしてこの後、しっかりフォローするでしょう。

こうした混乱状態での告白は、改まった儀式的な告白より印象に残りますが、沙織さんは「もう一度ちゃんと言って」とひそかに思っているかもしれません。

キュンを盛りあげるアイテム&ディティール

突然の告白に見せるノート

仮の台本を作ってみても！

じゅうぶんに作戦を練って告白していたとしてもサラッと言葉にできるところが素敵！

キラキラとしたネオン街

きらびやかな照明が映える！

ネオン街でのほろ酔いは、これから告白するという真剣な緊張感を少し中和させてくれる。

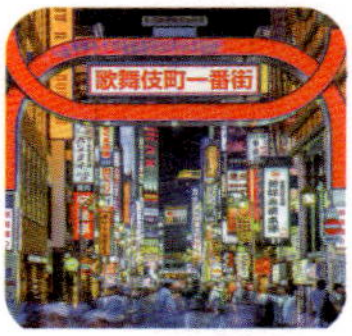

Doki-Doki muscle
この瞬間のときめき筋肉

「憧れの人からの突然の告白にドキドキする」の動作をやってみる！

〔使う筋肉はコレ！〕

大胸筋《だいきょうきん》

憧れの人から急に腕を引っぱられることで驚いて体がぶれないように上半身のバランスを取る

僧帽筋《そうぼうきん》

憧れの人から急に腕を引っぱられて急に動く肩の動きをサポートする

前鋸筋《ぜんきょきん》

不意に後ろに腕を引っぱられたことで急に動く肩甲骨や肩の動きをサポートする

この動作から学ぶ筋肉

（肩甲骨まわりの筋肉）

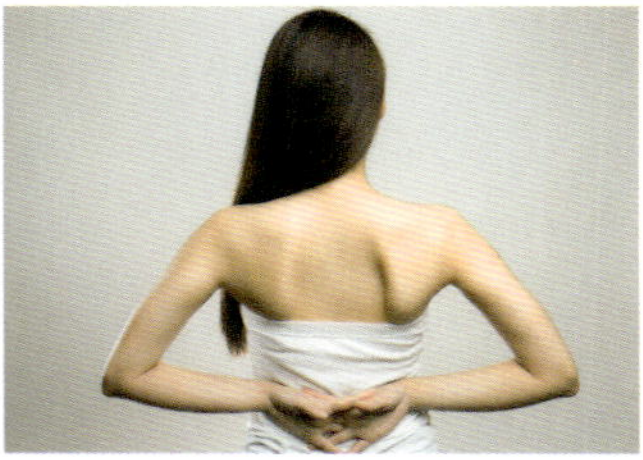

肩甲骨まわりにはたくさんの筋肉がついています。この筋肉をほぐすことで筋肉だけでなく、体全体のバランスを整えることができます。

肩甲骨の位置が正しい位置に収まると胸が開き呼吸量が増え、体に酸素が届くことで血液の流もよくなります。ほかにも猫背の改善、肩や首のコリの予防、呼吸機能の促進など、上半身によい効果がたくさん知られています。

Let's try it!
より背中の見た目をすっきりさせる!

僧帽筋など

姿勢や上半身のぽっちゃり体形が気になる人に効く!

ストレッチの方法

❶両足を軽く広げて立つ。手のひらを下に向けて前にのばす。
❷手のひらを上に向けて、ひじを後ろに引く。このとき、肩甲骨を中心に寄せることを意識する。
❸❶〜❷の腕をのばしたり、縮めたりを30秒ほどくりかえす。

physical

腕の動きで肩甲骨を動かす

人は肩甲骨の位置で姿勢が決まります。肩甲骨が開いてしまうと猫背になるし、寄りすぎてしまうと反り腰になってしまいます。このストレッチを続けると肩甲骨がちょうどよい位置に収まって姿勢がきれいに整います。

また、肩甲骨は可動域が広いので、ストレッチをしていると血流がよくなり、老廃物も流れやすくなるので、体調がよくなるだけでなく、上半身の見た目もスッキリします。

このストレッチは、立って行うスタイルを紹介しましたが、イスに座って行っても同等の効果が得られます。

痛みや違和感があるときはやめましょう。無理は禁物です!

Column 01 卒業式

Remember！胸キュン!!

青春時代に沙織が体験した甘酸っぱい胸キュンを紹介します。
近ごろ日々、ドキドキすることがない人もこれを読んで昔のキュンを取り戻そう！

あなたの中の学生時代のときめきを思い出す

青春アイテム

ボタン

卒業式の定番は学生服のボタン。人気のある男子は、ほとんどのボタンがなくなっていた。本命には第2ボタンをあげるという定説があった

ネクタイ

学生服がいわゆる学ランからブレザーに移行してから、ボタンの代わりに出てきたのがネクタイ

体育館

告白の呼び出し場所といえば、体育館か体育館裏が定番。汗臭い香りを思い出そう

あらすじ

襟もとをただして、感謝の気持ちを伝え合う、清々しいドキドキ

桜が咲いている高校の卒業式の日。人気者の先輩が人混みの中にいる。「ごめん」「えー、けちー」「ちょうだいよー」などと生徒たちがざわざわしている様子が遠くから見える。

沙織は憧れの先輩に会って記念のなにかをもらいたいけれど、遠くから見ていることしかできない。あきらめて帰ろうとしたところで「沙織！」と先輩のほうから声をかけて近よってきてくれた。振り返った先輩の制服にはボタンもネクタイもない。

「さすが先輩、なんにもないですね」あきらめて沙織は言う。「だろ？人気者だからね」そう言って先輩はいたずらに笑う。沙織も一緒に笑っていると、先輩が少し言いづらそうに「あー……いる？ネクタイ。一応死守したんだけど」とまさかの告白にもとれる言葉が。

先輩がさっきまで締めていたネクタイを受け取った喜びが抑えきれない沙織。どんな思いでネクタイをくれたんだろう？などと、あれこれと妄想がもやもやと現れていたが大切なセレモニーであることを思い出し、卒業に敬意を表し、ネクタイを握りしめ「ありがとう。そしておめでとうございます！」と伝える。

メンタルチェック

特別扱いがなによりも嬉しい。青春の胸キュンパフォーマンス

好意をよせる先輩の身に着けている物は、先輩の分身。感受性の高い、この時期、先輩も沙織さんも相当な勇気を振り絞ったことでしょう。

相手のために、なにかをしてあげる、しかも特別扱いしてあげる。ほかの女子生徒からモテるイケメンなのに、沙織さんを別格にしました。この点だけでも好意が相手にじゅうぶんに伝わり、舞いあがってしまいますね。

隠していた、抑えていた、気持ちが弾けていきます。過去として思い起こす青春を“甘酸っぱい”と表現されますが、完全に熟しきっていない恋愛観だからこそ、切ない感情が伝わってきます。

妄想シーン

10.

待望の初デートでも

ハートをナイスキャッチ！

胸キュン
レベル

あらすじ

憧れのあの人との初デート！

　憧れの上司、君島からの告白を受け、晴れて付き合い出した二人。今日は、初デートで映画を見に行くことに。沙織は、映画観賞中も君島とプライベートを一緒に過ごしていると思うだけでドキドキが止まらない。

君島「面白かったね。あのシーンの主人公って〜〜」

　映画の感想を熱く語り出す君島。一方、沙織は、緊張から映画の内容をまったく覚えていないのでうまく会話を弾ませることができない。

君島「鈴木さん？大丈夫？もしかして映画つまらなかった？」

沙織「いえ。楽しかったです！私、緊張しちゃって……」

　つい本音を話す沙織。すると君島は笑いながら近くのカフェでお茶をしようと提案してくれたのだ。カフェに向かう途中、自分の趣味など気さくに話しかけてきてくれる君島。おかげで、沙織も緊張が和らいで話ができるように。そんな中、子どもの「危ない!!」という声が。次の瞬間。なんと、沙織に向かって野球ボールが飛んできたのだ。

沙織「きゃっ！」

　びっくりしてギュッと目をつぶる。……が、なにも起きないので、そっと目を開けると君島がボールをキャッチしていた。

君島「大丈夫？怖かったね？」

　と沙織にひと言声をかけ、少年のような顔をしながら子どもたちにボールを投げ返す君島。会社では見られない、いろいろな表情の君島を見ることができ、「君島さんのことをもっと知りたい」と、ときめく沙織であった。

メンタルチェック

交際した実感は後からジワジワとくる

　交際してからまだホヤホヤの二人は、なにをしても楽しくてしかたがありません。通じ合った思いをひしひしと確かめあっている時期といえます。

　そこに野球ボールという危険が迫りますが、君島さんは見事に回避。沙織さんを守り抜き、ついでにカッコイイところも披露しました。

　恋愛は、障害や困難を乗り越えることでさらに燃え上がる性質をもっています。沙織さんは、君島さんのことをさらに評価し、「この人と交際できてよかった。もっとこの人のことを知りたい」と心から思います。ジワジワと恋愛成就の歓びがこみあげてくるでしょう。

キュンを盛りあげるアイテム&ディティール

軟式ボール

素手でキャッチするのは、さすが！

突然のアクシデントとして恒例のアイテム。ボールを通して彼に守られている感じが半端ない。

二人っきりの映画館

初デートの定番スポット

映画鑑賞後の会話がしやすく、暗い中で過ごす時間は二人の距離がぐっと縮まる。

Doki-Doki muscle
この瞬間のときめき筋肉

初デートで彼に守られてドキドキした」の動作をやってみる！

［使う筋肉はコレ！］

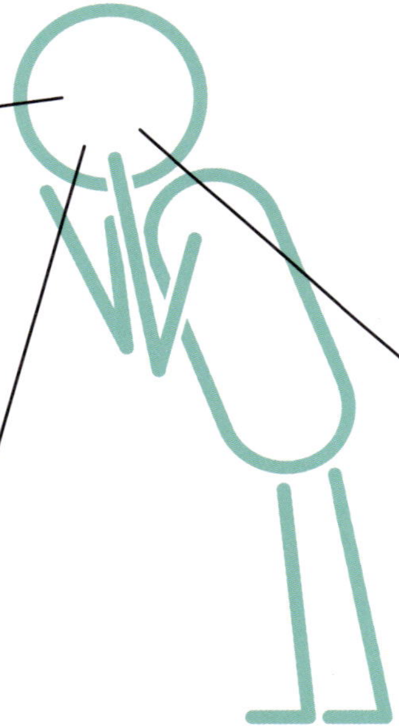

眼輪筋《がんりんきん》

飛んできた野球ボールにびっくりして目を閉じる

頬筋《きょうきん》

目を閉じたり、叫んだときに一緒に連動して動く

口輪筋《こうりんきん》

なにかが目の前に飛んできたことに「きゃっ」と叫ぶ

この動作から学ぶ筋肉

（ 表情筋 ）

眼輪筋や頬筋、口輪筋などの顔の表情を作るうえで動く表情筋の衰えは、目元、頬、口まわりのたるみやシワなどの老化に直結します。歳を重ねると、肌の水分量が減って皮膚と筋肉の間に隙間ができ、重力でたるみます。

適度に表情筋を動かすことで、肌にハリが出て、皮膚と筋肉の隙間がなくなり、たるみの改善とともに表情が豊かで若々しくなります。

Let's try it!

表情筋を動かしたアンチエイジング！

頬筋

顔のシワやたるみが気になる人に効く！

ストレッチの方法

1. 頬骨の上に人差し指をのせる。
2. 「あ、あ、あ……」と10回ほどいいながら、頬の動きで指が上に持ちあがるように意識する。このとき、あごが動かないように注意する。

physical

ストレッチでアンチエイジング効果も

デスクワークで日中、人と話す機会があまりない日は、このストレッチが効果的。血色がよくなり、リフトアップも期待できます。ただし、このストレッチはあまりやりすぎないことがポイントです。やるとしても１日３度くらいにとどめましょう。

というのも顔面の筋肉は鍛えすぎるとシワが目立ったり、顔つきがゴツゴツしてきて男性的なきつい印象の顔になってしまうことがあるからです。積極的に動かすというよりは、軽く動かすことをイメージしてやってみましょう。「あ、い、う、え、お」で挑戦してもいいですね。

朝、昼、夜の3度に分けて10回ずつやってもOK！

妄想シーン

11

まったりタイムで再認識！

二人ですごせる幸せ！

胸キュン
レベル

シーン11 ココロ

あらすじ

趣味を通して二人の距離が急接近！

初デートで君島の趣味が釣りということを知った沙織。次の休みは、二人で釣りに行くことを約束したため、釣り未経験の沙織は、動画を見て勉強する。

休日前日の夜、君島から「防波堤だから温かい格好で来てね」とスマートフォンにメッセージが届き、どんな格好がベストかも調べ、万全な服装で待ち合わせ場所に向かう沙織。その甲斐あってか、いきなり魚が釣れて盛りあがる二人。

沙織「こんなに魚って釣れるんですね。楽しいです!!」

君島「その敬語やめない？」

沙織「はい。わかった」

君島「その調子。沙織！」

こんな風に二人の距離が縮まるたわいもない会話をしつつ、釣りを楽しんでいたものの、夕方になるとだんだん釣れなくなり、会話も途切れがちに。「どうしよう？沈黙だらけ。なにか話しかけないと……」と、会話のネタを探す沙織。「ふあぁぁ～」と突然、大きなあくびをする君島。

君島「う～～ん。ふつう、夕方も魚って釣れるのに、釣れないね。30分たったし、一回、休憩っ！」

と言いながら沙織の肩に寄りかかってくる。

肩で君島の頭の重さと、シャンプーの香りを感じ、沙織の顔は真っ赤に。突然の君島の大胆な行動に思考が停止し、なにも考えられなくなった沙織だったが「えぇーい！」と勢いに任せて沙織も君島に寄りかかることに。「魚は釣れないけど……幸せ」と幸せをかみしめる沙織だった。

メンタルチェック

非日常の体験は二人の気持ちが近づく

二人だけの時間を共有すると関係性の親密度がより深まります。それが非日常の体験であると、より気持ちが盛りあがりやすくなります。この二人が楽しんでいる釣りだけでなくキャンプやサイクリングなども距離を縮めるには最適でしょう。

また、男性はリラックスすると気がゆるみ、女性に甘えるようなしぐさが出てきます。女性は、私に気を許していると感じて母性も出てきて、甘えさせる包容力が発動します。母性本能は、赤ちゃんや子どもだけでなく好意を持つ大人の男性にも向けられます。これも愛情のひとつの形態ですので、ワクワク、ドキドキが伴います。

キュンを盛りあげるアイテム&ディティール

☑ 堤防から見える風景

夕日越しだとすべて素敵に見える！

堤防から見る夕日は、恥ずかしがり屋の性格も少し大胆な行動を後押ししてくれる。

☑ 釣りに関する勉強

恋愛は自分の未知の世界を知ることもできる！

彼の趣味の世界を少しでも知ろうと努力を惜しまず勉強するなんて。愛のパワーは無敵！

Doki-Doki muscle
この瞬間のときめき筋肉

「彼が寄りかかってきてドキドキする」の動作をやってみる！

［使う筋肉はコレ！］

肩甲挙筋《けんこうきょきん》

彼がもたれかかってきたので、勇気を出して自分も彼の肩にもたれかかろうと頭を彼のほうに倒す際のサポートとして動く

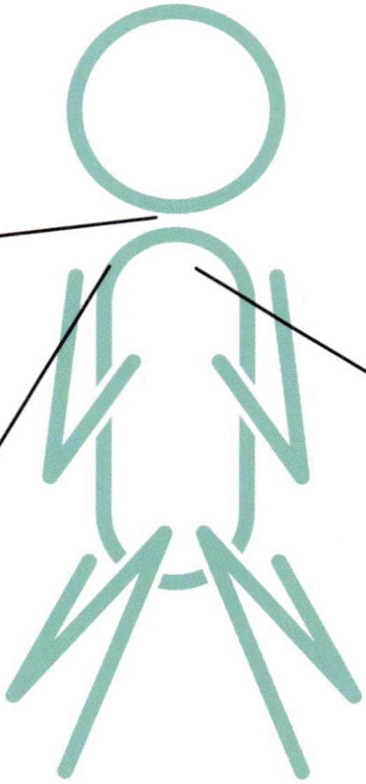

胸鎖乳突筋《きょうさにゅうとつきん》

首を横にかたむけて彼の肩にもたれかかる

僧帽筋《そうぼうきん》

彼が寄りかかってきた頭がずれないように肩でキープしたり、彼の肩にもたれかかるときの首の動きをサポートする

この動作から学ぶ筋肉（僧帽筋）

肩こりには、僧帽筋をはじめとする首周辺の筋肉が大きく関わっています。姿勢を保つために緊張した状態が続くので、血行が悪くなり、肩周辺が重く感じてきます。筋肉の中の筋繊維がずっと縮んだ状態になり、かたくなってしまっているからです。

そのままにしておくと肩だけではなく、首のコリまで広がっていきますので、長時間同じ姿勢を取り続けることは避けましょう。

Let's try it!
肩のコリを改善させる！

僧帽筋　胸鎖乳突筋　肩甲挙筋

肩や首のコリだけでなく美容に興味がある人に効く！

ストレッチの方法

❶左肩に右手をのせ、鎖骨をおさえる。
❷首を後ろへ軽く倒す。このとき、あごの先が上を向くくらい倒していればOK。
❸❷の状態のまま、ゆっくり右横に向かって首を倒し、あごの先を左上に向け左側の首の筋肉がのびているのを感じながら30秒ほどキープする。
❹左右の手を変えて❶〜❸を同様に行う。

鎖骨が動かないように注意しながらのばす！

このストレッチは、頭の倒し方で、効いている筋肉の場所が変わります。頭を右横に倒してストレッチをすると左側の首の筋肉がよくのびますし、頭を前に倒せば、背中側の首から肩にかけての筋肉がのばされます。

ストレッチ中に鎖骨が動いてしまうと効果が半減してしまうので、力まない程度に鎖骨を手で下に抑えつけ、肩があがらないようにのばしていきましょう。このストレッチを続ければ、肩に埋もれていた首が見えてきて、首とフェイスラインの境界線がはっきりしてきます。

ひねるよりも
のばすを意識して
やってみましょう！

妄想シーン 12

恋人限定ですよね?

愛を感じる何気ない行動!

胸キュンレベル ❤❤❤♡♡

あらすじ
昔からの夢が叶う？理想と現実の違い

付き合い始めて3か月ほど経った君島と沙織。交際は順調でタイミングを合わせて夏季休暇を取ることに。今夜は休暇中のイベントのひとつとして一緒に花火を見に行くことになった。昔から「彼と花火大会に浴衣で行く」ことが夢だった沙織は、「浴衣デートをしたい！」と君島にお願いしていたのだ。

待ち合わせ場所に時間ギリギリに到着した沙織。君島の浴衣姿を遠くから見つけてしまい、あまりのカッコよさに声をかけずにしばらく眺めてしまう。

沙織「遅れてごめんなさい」

君島「いいよ。それより、沙織、浴衣すごく似合っているね！」

君島にほめられて上機嫌の沙織だったが、それもつかの間。会場に向かって歩き始めて10分もしないうちに人の多さに酔ってしまい、疲れと息苦しさを感じてしまう。君島を花火大会に誘ってしまったことを後悔し、会話が途絶えて下を向きがちに。

「あれ？」さっきまでの息苦しさを感じなくなった沙織。見あげると横にいたはずの君島が前を歩いていることに気づく。

おかげで、スペースができて息苦しくなくなったのだ。君島の優しい行動に感動して、ときめく沙織。ドーンドンと花火が打ちあがる音が聞こえ始める。

君島「始まっちゃったね。花火、見える？」

振り向きながら笑顔で語りかける君島と、君島の肩越しに見える花火。3か月前には想像できない世界が素敵すぎて涙ぐみそうになる沙織であった。

メンタルチェック
相手への愛情の深さの伝え方とタイミング

どんな状況でも沙織さんを守る君島さんの姿勢は立派です。しかもパフォーマンスに見えないさりげない気遣いが、より愛情を本物にしてくれます。

「オレがオマエをいつも守ってやる」といった意図があからさまだと、押しつけがましいと受け取られ、相手の気持ちが萎えてしまうケースもあるので注意しましょう。

自分に優しくしてくれる行為は、時間差であとから「これは彼の優しさなんだ」と気づくと相手への評価が倍増し、ときめきも爆あがりします。同時に感謝の気持ちも手伝って、少々辛い状態にもかかわらず幸福感に満ち溢れてしまいます。

キュンを盛りあげるアイテム＆ディティール

☑浴衣コーデ

ふだん見れない浴衣姿にキュンとする！

男女で浴衣を着て花火を見に行くシーンは夏の甘酸っぱい恋をイメージするのにぴったり！

☑打ち上げ花火

さりげなく手をつなぐなんてことも期待できる！

夏の風物詩といえば打ち上げ花火。憧れの人と一緒に見れば、さらに美しく見える！

Doki-Doki muscle
この瞬間のときめき筋肉

「彼に体を張って守ってもらったときめき」の動作をやってみる！

［使う筋肉はコレ！］

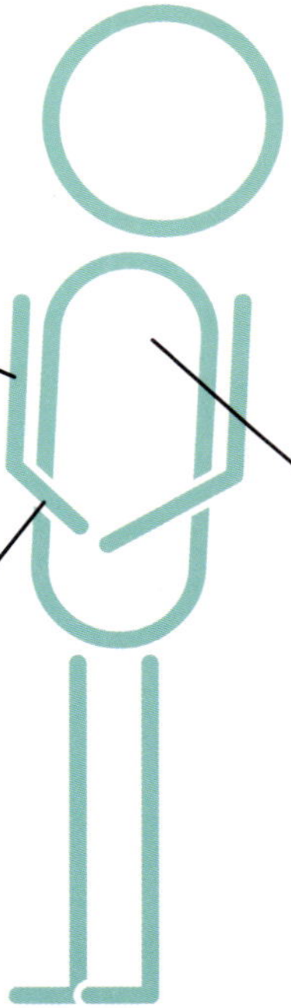

上腕二頭筋《じょうわんにとうきん》

人混みの狭い空間で、腕は胸元で縮こまっていたが、彼が体を張ってくれたことで、力が抜けて解放される

長掌筋《ちょうしょうきん》

人混みの緊張で巾着を持つ手がいつも以上にぎゅっと握っていたが、彼に助けられて力が抜けてゆるんでのびる

大胸筋《だいきょうきん》

動けないくらいの人混みの中で、上半身が縮こまっていたが、彼が空間をつくってくれたことで力が抜けて上半身がゆるんでのびる

この動作から学ぶ筋肉
（大胸筋）

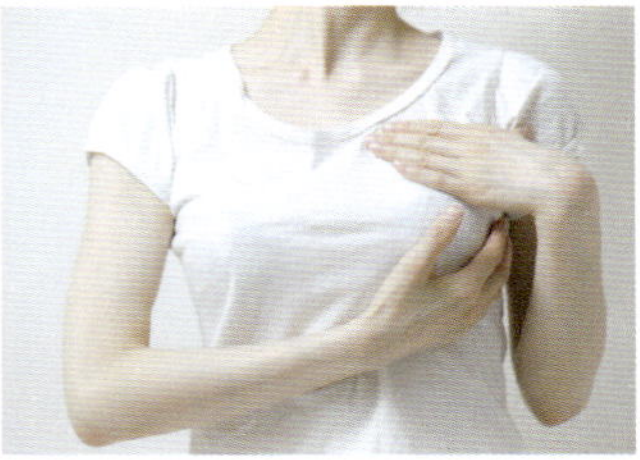

　大胸筋がかたくなることで、上半身が丸まり、猫背や巻き肩になりやすくなります。肩こりや、呼吸が浅くなり、疲労がたまることもあります。

　また、美容面でも大胸筋をケアすることが大事です。胸の筋肉はバストの下についているので、脂肪の重さを引っぱって支えています。筋肉が衰えるとバストを支えることができなくなり、だんだんと垂れてしまいます。

Let's try it!

上半身をすっきりさせる！

大胸筋　上腕二頭筋

日頃から猫背や巻き肩など姿勢に悩んでいる人に効く！

ストレッチの方法

❶腕を体の後ろにまわし、手を組む。

❷胸を張りながら、後ろで組んだ腕を上にあげる。

❸胸、肩、腕の筋肉がのびているのを意識しながら30秒キープする。

physical

胸を張ることを意識する！

胸を張るときは、ひじをのばして少しずつ胸を広げるイメージで行いましょう。もし、体がかたくて手が組めない場合は、組まなくても大丈夫です。その場合、「イスに浅めに座って背もたれを持つ」だけでも同等の効果がありますので、無理のない範囲ではじめてみましょう。❷の腕を上にあげるのが難しい場合は、腕を下げたままで30秒キープしましょう。

無理なく、このストレッチができた人は、組んだ腕をひねって、手のひらを外に向けるようにすると、より胸が開くのでやってみてください。

ストレッチするときには、背中をまっすぐに保つよう意識しましょう

妄想シーン

13

怖さを吹き飛ばす

男気溢れる行動！

胸キュンレベル

あらすじ

怖さよりも彼の対応力が勝る

夏季休暇中、リニューアルしたテーマパークに二人で行くことに。沙織は、昨夜からワクワクしっぱなしで当日を迎えた。

君島「そういえば、ここ本格的なお化け屋敷ができたらしいんだけど、次行かない？」

沙織「え……。うん」

実は、お化けが大の苦手の沙織。本当は行きたくないのだが、君島に嫌われたくないという思いが勝って断れない。

君島「お化け役は役者さんがやっていて作り物じゃないから怖いみたいだよ。マジで出るって噂もあるらしくて〜〜」

と少年のような顔で沙織に説明をする君島を見るとやはり断れず、一気にブルーな気持ちになるものの、そのままお化け屋敷の中へ入っていく。

沙織「きゃーー！！もうやだーー！」

案の状、恐怖で叫びまくる沙織。怖くて、君島の腕にギュっとしがみついてしまう。

沙織「あっ。ごめんなさい」

とっさのこととはいえ、しがみついてしまった自分が恥ずかしくなって離れる。「醜態をさらけだしちゃった。もう帰りたい」と思い詰める沙織。すると沙織の手を君島が握り返す。

君島「ごめん！お化け屋敷苦手だったんだね。ついはしゃいじゃって。確認すればよかった」

と言って歩くスピードを速める君島。沙織は、その優しさと、ぎゅっと力を入れて握り続けてくれる手のぬくもりから「手を握っている」というときめきだけでなく、「守られている」という安心感に包まれた。

メンタルチェック

恐怖と安心感の狭間で揺れ動く

お化け屋敷はたいてい男性が「ぜんぜん怖くないよ！」とか「本物が出るって噂がある」などと、女性を安心させたり恐怖をあおったりして気分を盛りあげて、自分を頼らせようと悪知恵をはたらかせます。

とくにお化け屋敷は暗い密室で事前情報が刷り込まれているので、恐怖心が倍増します。頭ではわかっていても体が自然に反応してしまい、男性の描いたありがちなストーリーに持ち込まれてしまいます。

しかし、これが仮に仕組まれたストーリーだったとしても恋する二人の間では、女性が感じる胸キュンの感情に影響はありません。

キュンを盛りあげるアイテム&ディティール

食べ歩きできるお菓子

テーマパークや縁日の定番のポップコーンやチュロス！

スナック菓子は外せないマストアイテム。一緒に食べることで親密度がアップする！

怪しげなお化け屋敷

怖さが増すのは有人のお化け屋敷のほう！

恐怖を感じている女性を男性が守る定番のアトラクション。二人の距離がぎゅっと近くなる。

Doki-Doki muscle
この瞬間のときめき筋肉

「彼から手を握られてドキッ！とする」の動作をやってみる！

［使う筋肉はコレ！］

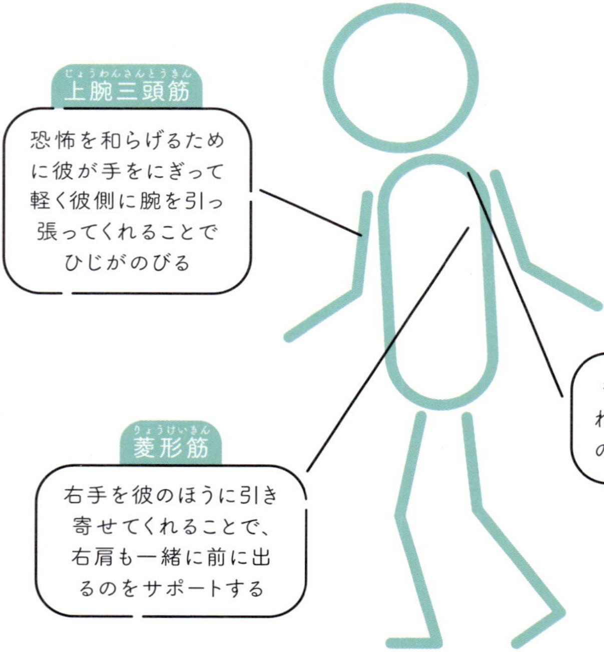

上腕三頭筋《じょうわんさんとうきん》
恐怖を和らげるために彼が手をにぎって軽く彼側に腕を引っ張ってくれることでひじがのびる
僧帽筋《そうぼうきん》
彼に右手を引っ張られることで右側の背中の筋肉も連動して動く
菱形筋《りょうけいきん》
右手を彼のほうに引き寄せてくれることで、右肩も一緒に前に出るのをサポートする

この動作から学ぶ筋肉

（筋肉のバランス）

筋肉はバランスが取れている状態がとても大事です。例えば、上腕二頭筋をストレッチしたらその反対側にある上腕三頭筋のストレッチをするといった具合です。

筋肉のバランスが整うと、姿勢がよくなり、日常生活の動作がスムーズになります。また、ケガの予防や肩や首、腰などの慢性的なコリや痛みの軽減にもつながります。

Let's try it!
姿勢を
改善
させる！

上腕二頭筋

パソコン作業での疲労感や猫背に効く！

ストレッチの方法

❶デスクに背を向けてイスに座る。
❷右手のひらを下に向けてデスクにのせたら、右腕を後ろ（デスク側）にのばし、力こぶのあたりの筋肉がのびているところで30秒ほどキープする。
❸左右の腕を変えて❶〜❷を同様に行う。

physical

リラックス効果も高いストレッチ

ストレッチでのばしていないほうの手でどこも触らずにこのストレッチをすると、腕をのばすのにつられて体がねじれてしまうことがあります。必ず、イスの座面の端をつかむなど体が余計な動きをしないようにしましょう。

日常生活で腕や肩は自然と内側に入ってしまうので、肺が広がらず呼吸が浅くなってしまいます。このストレッチをすることで、胸が開き、深い呼吸ができるようになるので、リラックスにつながります。仕事や家事をしていて疲れを感じたときにすぐにできるのでぜひやってみてください。

猫背や巻き肩など
姿勢が気になる人に
おすすめです！

妄想シーン 14

彼からのいきなりの提案！
恥ずかしさがマックスに！

胸キュンレベル

シーン14　ココロ

あらすじ

ドラマのワンシーンのようなときめき

　お化け屋敷の恐怖からやっと解放された沙織。君島の提案でテーマパーク内のカフェに入り、休憩することに。

君島「なにか食べる?」

沙織「飲み物だけでいい……」

君島「わかった。じゃ、買ってくるから、ここに座ってて」

　と沙織の飲み物のオーダーを聞き、買いに行く君島。数分後、飲み物2つとパンケーキを持って戻ってきた君島。

君島「改めて。さっきはごめんね。気分は大丈夫?」

沙織「いや。苦手だということが言えなかったので……」

　など、お互いに遠慮しあっていたことを話し始め、最後には見つめ合って笑い出す二人。

君島「じゃ、お互い気にしないってことで。いただこうか?」とパンケーキを切り出す。「君島さん、甘いもの好きなんだ」と思っていると、突然

君島「はい。あーん!」

　と満面の笑みでパンケーキを沙織の顔に近づけてきた。いたずらっ子のような君島の笑顔を見るだけでドキドキが止まらない沙織。「ドラマみたい」と思いつつ、口に入れた瞬間

君島「クリームついているよ」

　と手で沙織の口元を触る。ボンッという音と同時に顔から火が出るのではないかと思うくらい真っ赤な顔になる沙織。

君島「並んでるとき、パンケーキがおいしいって会話が聞こえたから食べさせたくて!」

　と沙織の真っ赤な顔を見ながら君島も頬を赤らめてニヤニヤと笑うのだった。

メンタルチェック

公衆の面前で愛を確かめ合う行動

　男性が女性にパンケーキを食べさせてあげる行為、この場合は親密さ、愛おしさ、が動機の親が子どもにしてあげるような気持ちではなく、愛を確かめ合う行為です。

　よくある友達同士の「ひと口ちょうだい」や、子どものおねだりとは異なります。このとき沙織さんは、単純に食欲を満たすことだけが目的ではなく、君島さんの愛を受け取るので、気恥ずかしさが出てしまいます。

　まして公衆の面前なので、気後れするのは無理もありません。気持ちを表に出せない葛藤が、ギクシャクした行動をうみ、君島さんは、沙織さんへの愛おしさをさらにつのらせます。

キュンを盛りあげるアイテム&ディティール

☑ おしゃれなテラス席

愛の言葉をさらりと相手に伝えられる!

ふだんシャイで自分の気持ちが伝えられない人には解放感があるテラス席がおすすめ!

☑ ふわふわのパンケーキ

クリームたっぷりのパンケーキが理想!

胸キュンストーリーの場合、パンケーキは、各々が頼んで食べるのではなく、シェアが鉄則!

Doki-Doki muscle

この瞬間のときめき筋肉

「彼のいたずら心にキュンとする」の動作をやってみる！

［使う筋肉はコレ！］

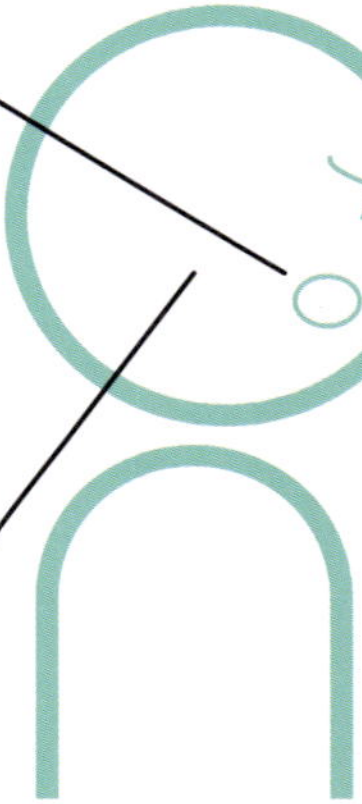

口輪筋《こうりんきん》

彼が口に入れてくれたパンケーキをドキドキしながら食べるのに口を大きく開いたり、口の中に入れたパンケーキがこぼれ出てこないように動く

咬筋《こうきん》

彼が口に入れてくれたパンケーキをモグモグあごを動かして食べるのを味わう

側頭筋《そくとうきん》

彼が口に入れてくれたパンケーキを食べるのに下あごを上にあげたり、左右に動かして噛む

この動作から学ぶ筋肉

口輪筋

口のまわりをぐるりと取り囲む口輪筋が衰えると、口角が下がり、ほうれい線やほほのたるみなどといった美容面に影響が出てきます。

また、口を閉じる筋肉なので衰えると口呼吸になりやすく、細菌を流す役割がある唾液が蒸発して口内が乾燥しがちな状態になるので、虫歯や歯周病、歯石の沈着、口内炎、口臭など悪影響が出てきます。

Let's try it!

老け顔を予防する!

口輪筋

ほうれい線やたるみが気になる人のアンチエイジング!

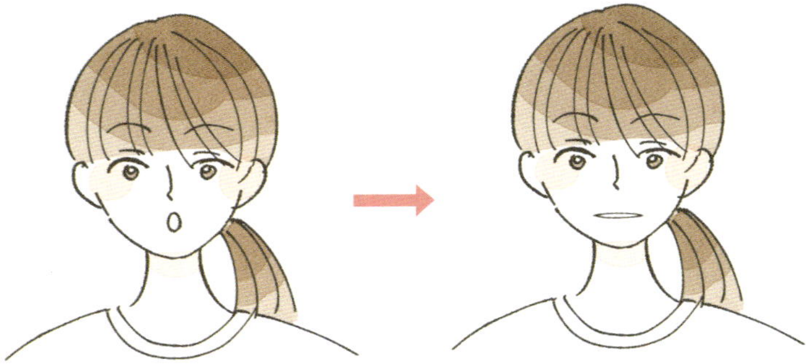

ストレッチの方法

1. 口を「う」の形にする。このとき、唇をできるだけ前に突き出す。
2. 口を「い」の形にする。このとき、口角をひきあげて笑顔をつくる。
3. 1～2と同様に10秒×3回行う。

physical

やりすぎに気をつけながら行いましょう

口輪筋を鍛えると、口元が引き締まります。口角や頬のフェイスラインのリフトアップにつながりします。口輪筋をストレッチするメリットとして、口元が引き締まるので、口呼吸が改善されます。自然に鼻呼吸ができるようになってくるので、口の中が乾燥しなくなり、口腔トラブルや、風邪、睡眠の質改善など、さまざまな症状を防ぐことができます。

ただし、55ページ頬筋のストレッチで紹介したのと同様、このストレッチは、やりすぎてしまうと、顔面が筋肉質になってしまうので注意が必要です。

マスクを着用中でも
手軽にできる
ストレッチです

妄想シーン

15.

彼がはじめて自宅にやってくる！

玄関で待ち続けるドキドキ！

胸キュンレベル

♥♥♥♥♡

あらすじ

彼の何気ない動作と言葉にときめき続ける

「もうそろそろかな？」と時計を見ながら、そわそわしている沙織。今日は仕事終わりに君島が沙織の家にはじめて来ることになっている。君島から「もうすぐ着きます」とスマートフォンにメッセージが届いてから、ドキドキが止まらない沙織。玄関前をうろうろと歩き、鏡を見て身だしなみも整えてお迎えの準備は万全といったところ。

ピンポーンとチャイムが鳴る。再度、ちょっと身だしなみを整えてドアを開ける。

君島「ただいま」

自然に「ただいま」の言葉が出る君島にキュンとする沙織。

君島「はい、お土産」

とお菓子と小さな花束を渡す。

沙織「おかえりなさい」

夫婦みたいなやり取りに自然と喜びがこみあげてくる沙織。

君島「あ〜。会いたかった！」

沙織に会えてほっとしたのか、ネクタイを緩めながらポツリとひと言。そのしぐさと言葉に胸の高まりが隠せない沙織。

沙織「中へどうぞ。カバン持つね」

と促す。君島は嬉しそうに沙織にカバンを渡すが、想定外のカバンの重さにびっくりして「おもッ！」とつい言葉に出してしまう。君島が気づき、カバンを自分で持とうとしたものの、沙織はそれを断り、部屋の中に持ち入る。「君島さん、ストイックだから、明日のプレゼンの資料がたくさん入っているんだろうな。頑張ってほしいな」と改めて君島の仕事への真摯な向き合い方に感動する沙織だった。

メンタルチェック

将来を見据えた恋愛の進み方

愛の実感をかみしめながらワクワクを楽しむ時期に入った二人。沙織さんの自宅ですごすという、デートや仕事場とも異なるひとつ進んだ状況展開です。二人がかすかにイメージする将来の姿「夫婦みたい」が、ささいな所作で過剰に反応してしまいます。「もし、結婚したら、こうなるのかな？」と未来を先取りするので、いちいちドキドキしていますね。もちろん、君島さんの所作だけでなく、きちんと仕事をこなすところで「この人を選んでよかった」の再認識も嬉しい素材です。

いずれにしても、楽しい未来が共有できると、キュンは増幅するといえそうです。

キュンを盛りあげるアイテム＆ディティール

かわいいスリッパ

彼が履くのを想像するだけでドキドキ！

スリッパは部屋の中でずっと履くので、センスがいいと思われるものを用意したいところ。

玄関のあがり框《かまち》

自分の身長がアップした気分に！

玄関で靴を脱ぐ姿など、いつもと違う角度の彼を見つけ出すことができる絶好のチャンス！

Doki-Doki muscle

この瞬間のときめき筋肉

「彼の何気ないしぐさにキュンとする」の動作をやってみる！

［使う筋肉はコレ！］

三角筋《さんかくきん》

彼のカバンを受け取ったときに、想像よりも重く、カバンを落とさないように力を込める

僧帽筋《そうぼうきん》

彼のカバンが想像より重く、とっさに落とさないようにバランスを取る

脊柱《せきちゅう》起《き》立《りつ》筋《きん》

自分の想像より重かったカバンを持ちあげ、ぐらつきそうになる上半身を支える

この動作から学ぶ筋肉

（背骨全部を支える筋肉）

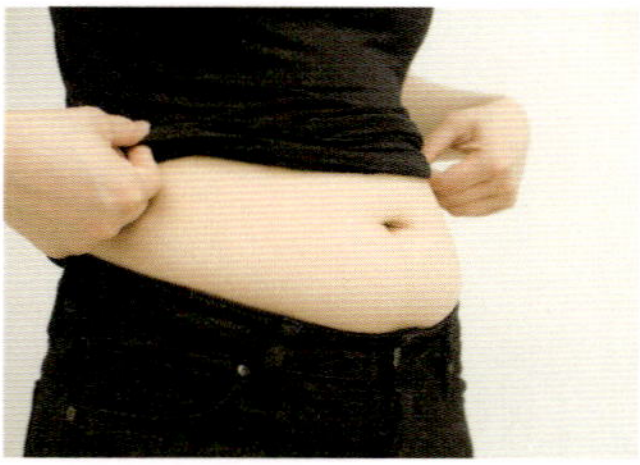

　お腹だけが出てしまう「ぽっこりお腹」の主な原因は、内臓脂肪の蓄積や筋肉量が少ないことのほかに姿勢の悪さが挙げられます。

　なかでも背中と首を支えている背骨全部を支えている筋肉が弱ってしまうと、きれいな姿勢を保てなくなり、内臓を正しい位置に保てず、内臓が下垂します。ほかにも背中が丸くなると腰痛が出ることもあります。

Let's try it!
お腹まわりをスッキリさせる！

脊柱起立筋

加齢によるぽっこりお腹や腰痛がちな人に効く！

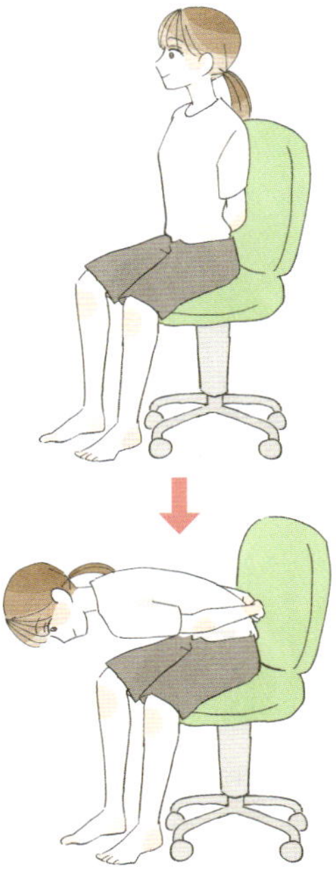

ストレッチの方法

1. イスに浅く腰かける。このとき足は肩幅ほどに広げる。
2. 両手を後ろにまわし、腰の位置で組む。
3. 頭、上半身を前に倒して丸めて30秒ほどキープする。

physical

腰まわりののびを感じながらのストレッチ

しっかりお辞儀をして脊柱起立筋をのばすストレッチです。頭も一緒に深々と下げましょう。脊柱起立筋をしっかりのばすためのポイントは、背筋を必ずまっすぐにしてからこのストレッチをはじめること。腰まわりがしっかりのびるのを感じましょう。

また、ストレッチ中に腰に痛みが出たらすぐにやめてください。足は肩幅ほどに広げますが、足を閉じてストレッチをするほうがより効果を得やすいので、慣れてきたり、まだまだできると思う人は挑戦してみましょう。

ストレッチを続ければ、
腰ののびを
感じられます！

妄想シーン

16.

手料理の準備中に
突然のバックハグ！

胸キュン
レベル

あらすじ

からかってる？本気で心配してる？どっち？

沙織の家の中でくつろぐ君島を見て嬉しく思う沙織。

沙織「あ。そうだ！ごはん作っておいたので持ってきます」

沙織は、得意料理の肉じゃがを作っておいたのだ。「君島さんにおいしいと言ってもらえますように」と圧力鍋の蓋を開けようとするのだが、怖くてなかなか開けられない。というのも、圧力鍋で作るとよりおいしくなると聞いて、最近購入したものの練習ができず、ぶっつけ本番で使うことになったからだ。

君島「圧力鍋って、爆発することがあるから気をつけて」

あたふたしていることに気づいた君島が近寄ってきて笑いながらからかってきた。

最近、からかわれてばかりいる沙織は「大丈夫！」といわんばかりに鍋の蓋を開けようとすると同時に鍋からブシュ!!（圧力が抜ける音）と音がして驚き、思わず「きゃ!!」と叫ぶ。

君島「待って。沙織。圧力が抜け切ってから開けようよ」

と後ろからそっとカバーして鍋の蓋を開けてくれる。沙織は後ろから抱きしめられているような気分になってしまい、ドキドキが止まらない。君島がどんな顔をしているのか見たくなった沙織は斜め後ろを見る。沙織が自分を見ていることに気づき、「ん？」と平然とした顔で見つめ直す君島。

その顔にもドキドキしてしまう沙織。「君島さんってこういうことを素でしちゃうんだもん。女心をゆさぶって。ずるい！」と心の中で叫ぶ沙織であった。

メンタルチェック

二人の心が通じ合っても胸キュンは続くもの

将来の結婚生活のシミュレーションとしてとても参考になるネタでしょう。君島さんも沙織さんも、ふだんから料理や掃除などちゃんとこなしていると思います。

沙織さんは、おっちょこちょいですが、君島さんに頼りきっていません。怖かったり、力が必要だったり、など手伝ってほしいことをサポートしてもらっていると考えられます。

ただ、君島さんが男子として出来すぎているのが気になるところ。なんだかんだで、沙織さんの心を遠慮なくつかんでいきます。恋が成就してもなお、心はキュンを求めてやまないということを覚えておきましょう。

キュンを盛りあげるアイテム&ディティール

ビールやハイボール

彼に部屋でくつろいでもらいたいなら、ビールかハイボールの用意をすると安心。

二人っきりの乾杯もおすすめ！

新品の圧力鍋

圧力鍋は短時間でプロ級の煮込料理が作れる。異性の胃袋をつかむのに重要な調理器具！

圧力の抜き方は一度覚えてしまえば簡単！

Doki-Doki muscle
この瞬間のときめき筋肉

「彼からのバックハグにときめく」の動作をやってみる！

ぎゅっ
ちらっ

［使う筋肉はコレ！］

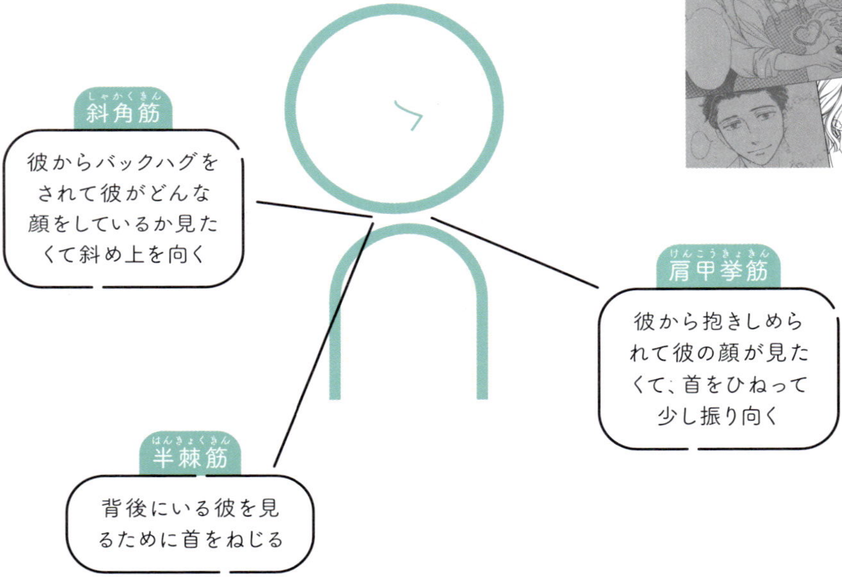
斜角筋《しゃかくきん》
彼からバックハグをされて彼がどんな顔をしているか見たくて斜め上を向く
肩甲挙筋《けんこうきょきん》
彼から抱きしめられて彼の顔が見たくて、首をひねって少し振り向く
半棘筋《はんきょくきん》
背後にいる彼を見るために首をねじる

この動作から学ぶ筋肉

（首まわりの筋肉）

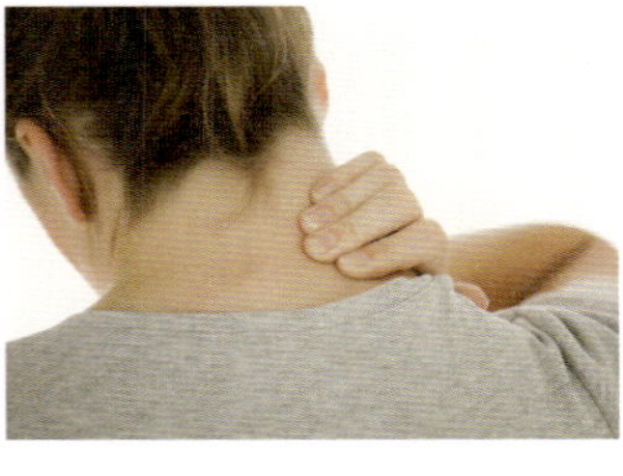

人の頭の重さはおよそ5kg前後といわれ、頭が傾くとその数倍の負荷が筋肉にかかります。おもに首から背中の筋肉で支えています。ふだんは、そんなに筋肉を酷使していると意識していませんが、コリやストレスを感じたらはやめに緊張をほぐす必要があります。

首のメンテナンスは、ほかの部位より優先順位が高いと心得ておきましょう。

Let's try it!
首まわりのストレッチでリラックス！

斜角筋　肩甲挙筋　半棘筋　僧帽筋

心の不調を整えたい人に効く！

ストレッチの方法

❶ひざを揃えてイスに浅く座り、両手で頭をかかえて下を向く。
❷ひじ先で弧を描くように右へ首をひねり、首の斜め後ろののびを感じながら30秒ほどキープする。
❸左側も❷同様に首をひねり、30秒ほどキープする。

physical

体の仕組みを知ってリフレッシュさせましょう

首の上には副交感神経の大元があり、自分自身をリラックスさせるスイッチがあります。首の血行不良があって脳に血液と酸素がちゃんと届いてないと、このスイッチがうまく入っていない状態です。この首まわりのストレッチをすれば血行がよくなり、リラックスしやすくなります。ふだん自分が「疲れたな」と感じたら休憩してこのストレッチを取り入れてみましょう。

ストレッチ中は首をのばすほうに意識がいき、背中が丸まってしまっているということがよくあります。よい姿勢を心がけ、頭だけ動かしましょう。

ストレッチ中は、呼吸を止めずに続けましょう

Column
02
部活

Remember！胸キュン!!

憧れの先生をこっそり目で追ってドキドキ。それが一生懸命に打ち込む部活動の顧問の先生だったとしたら……。ささいなことで大騒ぎしていたあの頃がよみがえる！

あなたの中の甘酸っぱい思い出がよみがえる！

青春アイテム

テニスラケット

テニス部は運動部系の花形的な人気の部。優雅な動きとお洒落なコスチュームが大人っぽい。

捻挫

テニスは見た目よりハードで足首はとくに痛めやすい。
捻挫はしばし発生するが、応急処置が肝心。

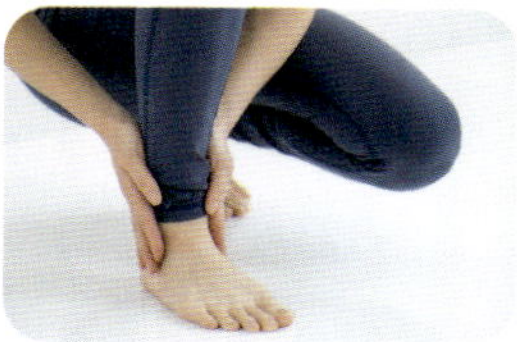

アイシングスプレー

患部を冷やして炎症を抑えるスプレー。痛みや腫れなどを軽減する応急手当のための常備アイテム。

あらすじ

運動部のあるあるでもしっかりキュンが成立してしまう

テニス部に所属していた沙織は、大会に向けて毎日練習に打ち込む。そんななか部活中に足を挫いてしまう。
「大丈夫か!?」そう言って顧問の先生が心配して駆けより触診する。沙織は足に触れられドキッとするものの、「いたっ」と思わず声が出る。「大事をとって、歩かないほうがいい」そう言うと先生は部員をもう1人呼び、肩を組んで沙織をベンチまで連れて行ってくれた。
「鈴木、足かして」と先生は患部にすぐに冷却スプレーをかけようとするが、沙織は恥ずかしくて先生のほうに足をのばせない。先生は女子生徒に人気のイケメンで、沙織は近づくだけでいつもドキドキしているからなおさらだ。
「照れてる場合か！」そう言って先生が沙織の足をぐっとつかんで自分のひざの上に置く。本気で心配してくれる姿に胸をときめかせる沙織。処置をしながら、「鈴木…最近よく頑張ってるもんなぁ。しっかり治そうな！」と先生が褒めて励ましてくれた。沙織は、先生が自分のことを見てくれていることへの喜びとドキドキで胸がいっぱいになった。

メンタルチェック

足を触れられただけでも強いインパクトを感じて好きになってしまうこともある!?

ケガなど痛い、辛い状態のときに手を差しのべてくれる男性は、それだけでもポイントが高い存在です。嫌味なくうら若き女性の足に触れる大胆さも手伝って、足の痛みなど吹き飛ぶくらい高揚しちゃいますね。青春の時期はとくに男女はお互いを意識してしまい不用意に近づいたり触れたりするのを避けがちです。要は意識しすぎなのですが、逆に触れられたときの反応は強く、いともかんたんにココロを持っていかれてしまいます。
当然ながら20歳代の胸キュンとくらべても倍くらいのインパクトがあるんですね。

妄想シーン 17.

ケンカ勃発！

別の人も眼中に？

胸キュンレベル ♥♥♥♥♡

あらすじ

好きな人がいるのに気になってしまう

付き合い始めてから1年半ほど月日が経過した沙織と君島。最近、仕事が忙しく、すれ違いが生じ、ひょんなことからケンカをしてしまうことがしばしば。昨夜も仕事ばかり優先する君島に対し、沙織がわがままを言って怒らせてしまい、久しぶりのデートがキャンセルに。

休日、家にいても君島のことばかり考えてしまうので、気晴らしに近所のデパートまで自転車で出かけ、駐輪場に止める沙織。ただ、頭の中は君島のことばかり。気づいたらほかの自転車をドミノ崩しのように倒してしまう。「ついてない」と思いながら1台ずつ元の位置に戻す。

そこに倒れた自転車を戻してくれる男性の姿が……。

沙織「ありがとうございます」

お礼を言うものの、沙織には見向きもせず、黙々と自転車を起こし続ける男性。「全身黒づくめで、前髪が長くて顔が見えないし、怖い……」と困惑する沙織。そんななか、風が吹き、男性の前髪が風になびき、きれいな顔立ちの男性と目があった。

「え？イケメンなんだ」と心で叫ぶ沙織。

男性「助けるの当然でしょ？それより、ケガないっすか？」

少し照れながら言葉を発する男性の見た目と内面のギャップにドキドキしてしまう。その後、お礼を言ってその場を離れたものの、昨日から君島のことばかり考えていたのにピタリと止まり、「さっきの彼はどんな人なんだろう？」と思ってしまう自分にびっくりする沙織であった。

メンタルチェック

彼がいてもときめきは止められない

交際中の彼がいても、見知らぬイケメンに親切にされたらドキッとしてしまいますよね。本命の彼とケンカ中ならなおさらです。このケースは、イケメンであることは後からわかりますが「危機を救ってくれた」＋「クールな男らしいふるまい」＋「イケメン」の三拍子が見事に揃っています。予期せぬラッキーな出来事で、沙織さんはとてもついています。

また、人はミステリアスなほど欲求がつのります。この場合、男性の顔がよく見えない状態から顔がチラッと見えた状態、そしてイケメンだったことは、沙織さんの感情を大きくゆさぶりましたね。

キュンを盛りあげるアイテム&ディティール

突然吹き出す風

絶妙なタイミングで吹く風は、想定外に起こるときめきのドキドキ感を増幅させる。

風の強さでもドキドキ感を演出！

駐輪場の自転車

日常、自分が起こす想定がしにくい自転車のドミノ倒し。今後の展開に期待を寄せる。

自転車は、恋愛のマストアイテム！

Doki-Doki muscle
この瞬間のときめき筋肉

「助けてくれた人のギャップにキュンとする」の動作をやってみる！

〔使う筋肉はコレ！〕

広背筋《こうはいきん》
自分が倒した自転車を引っぱりあげる

脊柱起立筋《せきちゅうきりつきん》
中腰で自分が倒した自転車を抱えるとき、自転車の重みでふらつかないように体のバランスを保つ

中殿筋《ちゅうでんきん》
中腰で自分が倒した自転車を抱える

この動作から学ぶ筋肉（脊柱起立筋）

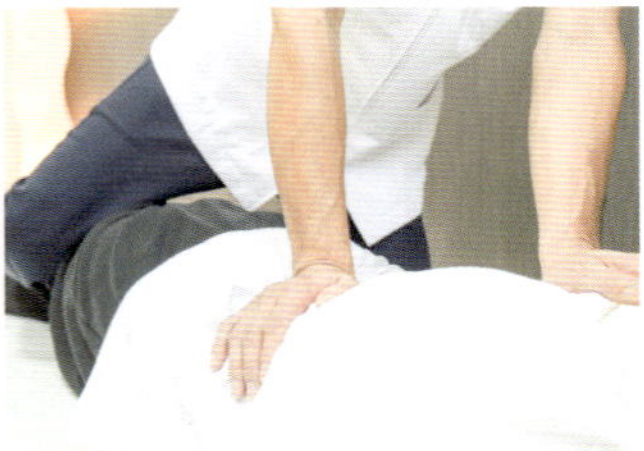

　脊柱起立筋が過度に緊張すると、反り腰になりやすくなります。反り腰は女性に多く、慢性的な腰痛やぎっくり腰などを引き起こす原因になってしまいます。反り腰は、腰のカーブが大きくなり、骨盤が前傾します。そうなると前ももで常に上半身を支えている状態になってしまいます。反り腰になると重心も前に移動するのでその分の力も知らず知らずに前ももに負担がかかってしまっています。

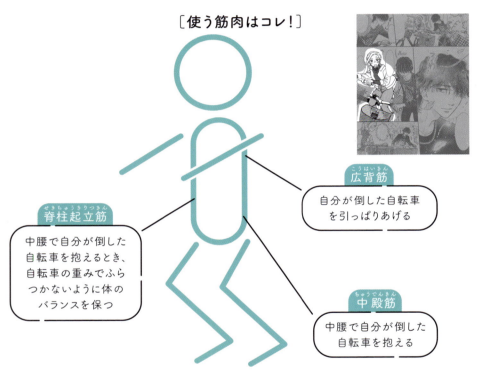

Let's try it!

ハリを取り
美脚を
目指す！

大腿四頭筋

前もものハリをほぐして反り腰を改善する！

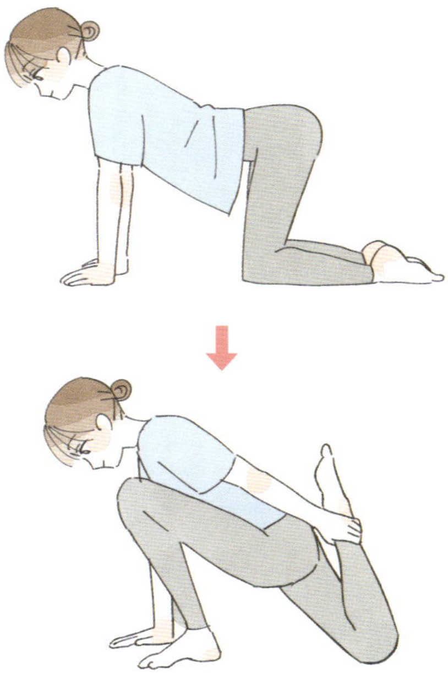

ストレッチの方法

❶よつんばいの姿勢になる。このとき、手首の位置を肩の真下になるようにする。
❷左脚を右の手首の位置くらいまで前に出し、左手で右足の足首をつかむ。
❸左ひざをゆっくり後ろに引いていき、右脚の前もものびを感じるところで30秒ほどキープする。
❹左右の脚を変えて❶〜❷を同様に行う。

physical

前もものハリほぐしは美脚にも効果あり！

前もものハリをほぐすストレッチですが、この本で紹介しているストレッチのなかでも高度なストレッチになります。このストレッチの前にほかのストレッチを試して体がじゅうぶんほぐれてから、このストレッチを行うのがおすすめです。また、余裕がある人は、❸の状態のときに顔をあげて30秒キープすれば、さらにストレッチの強度があがります。

ダイエットで体重が減っても「脚だけが痩せない」といった人も、このストレッチを地道に続けて美脚を手に入れた人もいますので、希望を持って挑戦してみてください。

少しハードな
ストレッチなので、
無理は禁物で！

妄想シーン

18

サポートついでに急接近

後輩にもキュンしちゃう!?

胸キュンレベル

あらすじ

残業で後輩と親密になる？

君島とすれ違いが続く毎日だが仕事は充実している沙織。新しいプロジェクトチームでは、後輩もでき、順調に進んでいる。

後輩「先パイ！ 僕のせいで遅くまでごめんなさい」

沙織「大丈夫！それより、私、今日バイクだから、帰りが遅くなったら、送っていこうか？」

最近、残業が多い沙織は、バイク通勤をしはじめたのだ。この日も結局、仕事が終わったのが22時すぎ。予定通り、バイクで後輩を送っていくことに。

沙織「お待たせー。送ってあげる！のりなよ」

後輩「先輩優しいんですねっ」

と背後から飛びつく後輩。

沙織「こ、こら！近すぎる！」

と注意しながらも、後輩の人懐っこさがペットみたいでかわいいなあと思い、ときめきを感じる沙織。駅までいろいろと会話を楽しむ二人だったが

後輩「噂で聞いたんですがキミタクと付き合ってるんですか？」

沙織「なに？聞こえない？」

後輩「大丈夫です。それより～」

その後も会話が弾み、無事後輩を送り届けた沙織。自宅へと帰る道中、もやもやとした気持ちが溢れてくる。実は、後輩からの「君島と付き合っているのか？」という質問は聞こえていたが、とっさに聞こえないふりをしてしまったのだ。「なんで卓也さんとのこと聞かれて、ごまかしちゃったんだろう？もしかして私、知られたくなかった？」など、自分の気持ちがわからなくなり、戸惑う沙織だった。

メンタルチェック

ココロとカラダは別モノ？ コントロールできない

善意が引き起こした想定外のハプニングで対応に混乱気味の沙織ですが、二人に恋愛感情がなくても、男女間には常に胸キュンが起こります。

好意があろうとなかろうと、社会的な距離を超えて親近感ある距離に身体を密着するとなれば、後輩も沙織さんを女性として意識せざるを得ないでしょう。

よほど嫌いな異性でない限り、身体が触れ合えばドキドキしたり、キュンとなってしまうのは自然な反応といえます。

そういった意味でバイクの二人乗りは、男女の仲を取り持つアイテムとしてひと役買ってくれることは間違いないです。

もちろん、安全運転で。

キュンを盛りあげるアイテム&ディティール

バイクとヘルメット

ヘルメットどうしがコツンとぶつかる！

バイクの親密性は半端ない。ヘルメットをかぶった会話の聞こえづらさもドキドキ感アップ。

バイクからの夜景

イルミネーションがキレイな場所が◎！

バイクに乗って見る夜景は、風をカラダで感じる効果もあり、いつもと違う印象に。

Doki-Doki muscle
この瞬間のときめき筋肉

「かわいい後輩から抱きつかれたドキドキ」の動作をやってみる！

［使う筋肉はコレ！］

腹横筋《ふくおうきん》

甘え上手な後輩に後ろから抱きつくようにつかまれたので、とっさに腹部の厚みを減らすためにお腹をへこませる

腹直筋《ふくちょくきん》

甘え上手な後輩に後ろから抱きつかれ、背筋をのばして姿勢を正す

腹斜筋《ふくしゃきん》

甘え上手な後輩に後ろから抱きつかれたことにびっくりしつつ、少しでも痩せてみえるように横腹をへこませる

この動作から学ぶ筋肉

腹横筋

一般的な腹筋運動では鍛えられない、インナーマッスルの腹横筋の筋力が弱まると内臓の位置が下がり、お腹や腰まわりのたるみの原因になります。

腹横筋に刺激を与えられる唯一の方法が息を吐いてお腹をへこませたまま息をする呼吸法「ドローイン」です。 腹式呼吸とも似ているように感じますが、これ以上お腹が縮まない、というところまでへこませて、浅い呼吸をしながらキープします。

Let's try it!
呼吸法でお腹すっきり！

腹横筋

体幹（腰まわり）を鍛えて ぽっこりお腹を解消する！

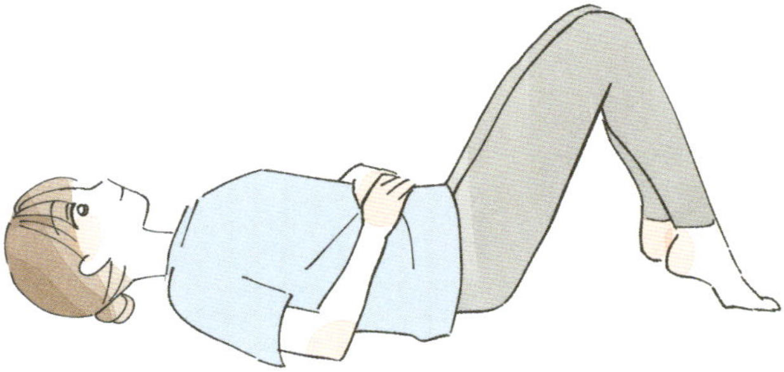

ストレッチの方法

1. あお向けになり、ひざを軽くまげる。
2. 息を吸いながらお腹をふくらませ、吐きながらへこませる。
3. お腹がへこんだ状態で30秒ほどキープする。

physical

インナーマッスルを呼吸法でケアする

お腹のインナーマッスルは骨の代わりに内臓を支えています。このインナーマッスルはコルセットのようにお腹や腰まわりにあります。そこを呼吸を使ってほぐしていくストレッチになります。

いままでやってきたストレッチは、筋肉の両端を離していくことでのびていくものでした。このストレッチ（ドローイン）は、筋肉を内側から縮ませたり膨らませたりして筋肉をのばしていくイメージです。立ったり座ったりしてもできるストレッチですが、仰向けになって行うのがのびを感じやすいです。

お腹に両手を当てて、よりお腹が縮むのを意識できます！

妄想シーン

19

彼からもらった大切な宝物を紛失

本当に大切なことに気づく

胸キュンレベル

あらすじ

恋人とはまた別のときめき

　君島と会社の近くのカフェで待ち合わせていた沙織。「仕事が長引いて行けなくなった」と君島からメッセージが届く。「仕事頑張ってね」とメッセージを送りながら「このまますれ違いで別れちゃうのかな?」と不安になる沙織。自宅に帰ろうと思い席を立つが、左耳につけていたイヤリングがないことに気づく。「誕生日に卓也さんにもらったイヤリングがない!」

　真っ青になる沙織。必死でカフェの中を探すが見つからない。

　キョロキョロしていると「どうしました?」と体格のよい男性に声をかけられる。事情を話すと、すぐさま一緒にイヤリングを探してくれることに。男性が自分事のように真剣に探してくれる姿が頼もしくてキュンとしてしまう沙織だったが、だんだん申し訳ない気持ちになり、

沙織「だ……大丈夫ですよ」

　とあきらめようとしたところ

男性「あ、ほら!あった!」

　と満面の笑みで床の隙間からイヤリングを探し出してくれた。

沙織「ありがとうございます!」

　探し出してもらったお礼に一緒にお茶をすることにした二人。

　沙織の第一印象とは異なり、終始笑顔で話してくれる男性に沙織は、ときめきを感じてしまう。二人の共通の趣味がバイクということもあり、自然と会話が盛りあがり、徐々に緊張も解ける。男性の職業が消防士と聞き、先ほど手際よく探してくれたことに納得する。話すうちに君島とは、異なるタイプの男性に惹かれていく沙織であった。

メンタルチェック

困っているときに頼りになる包容力に惹かれる

　きっと、沙織さんの困った表情には男性が助けたくなる要素があるのだと思います。この男性は、肉体を鍛えているお仕事ゆえ見た目がイカつい印象ですが、動きが俊敏で話してみると感じる優しさのギャップに思わずキュンとなってしまったようです。まさに消防士さんの鑑のような素敵な男性です。

　沙織さんは男性に自分の大切なものを失くしてしまった不安を安心に導いてもらえたことで、頼もしさを覚え、感謝を伝えたくなってしまったようです。

　ただ、君島さんにない肉体的な男性らしさに思わず心が持っていかれそうかなと勝手に心配になってしまいますが……。

キュンを盛りあげるアイテム&ディティール

ホットドリンク

ドリンクの好みは分かれるところ

気になる人との楽しい時間はあっという間にすぎてしまう。ドリンクが冷めてしまう可能性も。

思い出のイヤリング

失くして再確認するお互いへの気持ち!

彼にもらったアクセサリーは二人の気持ちが揺れているときに失くしがちなアイテム。

Doki-Doki muscle
この瞬間のときめき筋肉

「見知らぬ人の**包容力**に**ドキドキ**する」の動作をやってみる！

［使う筋肉はコレ！］

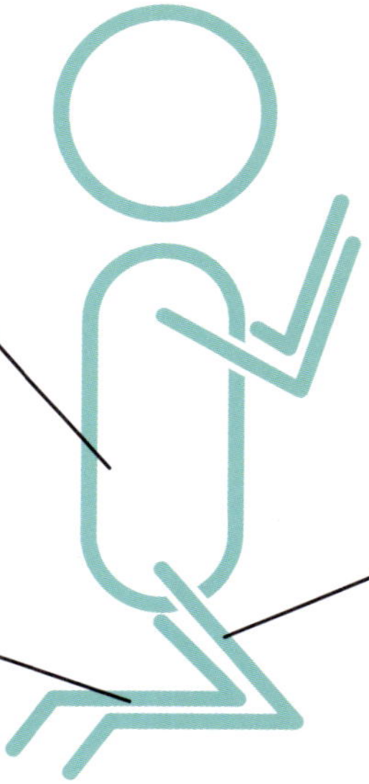

多裂筋《たれつきん》
しゃがんでいる人と目線を合わせようと深くしゃがみ込んだことで腰の奥の筋肉が丸まる
下腿三頭筋《かたいさんとうきん》
しゃがんでいる人と目線を合わせるために深くしゃがみ込む
大腿四頭筋《だいたいしとうきん》
大切なイヤリングが見つかり、嬉しさでしゃがんでひざを曲げる

この動作から学ぶ筋肉
（大腿四頭筋）

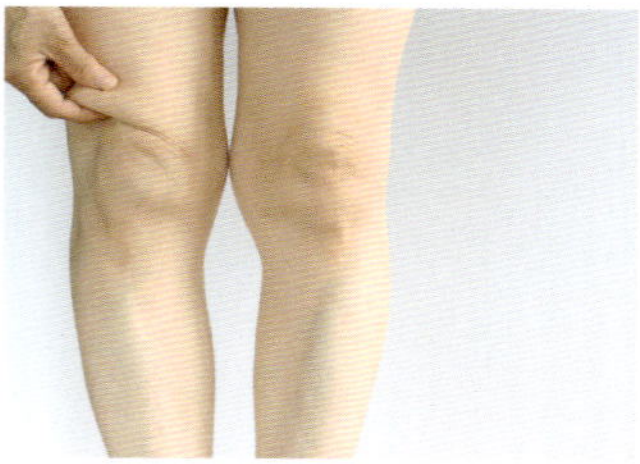

姿勢が悪く反り腰で、前ももの筋肉ばかり使っていると、太ももの裏側の筋肉(ハムストリングス)が使われないので、前ももの張りに加えておしりが垂れ内臓が下垂したぽっこりお腹につながり、下半身太りになってしまいます。

下半身は心臓から離れた位置にあり、重力の影響でリンパや水分の循環が滞ってしまいがちなので適度に動かさないと下半身太りが起こります。

Let's try it!
下半身太りを防ぐ！

大腿四頭筋

理由なくむくみがちな人の下半身太りに効く！

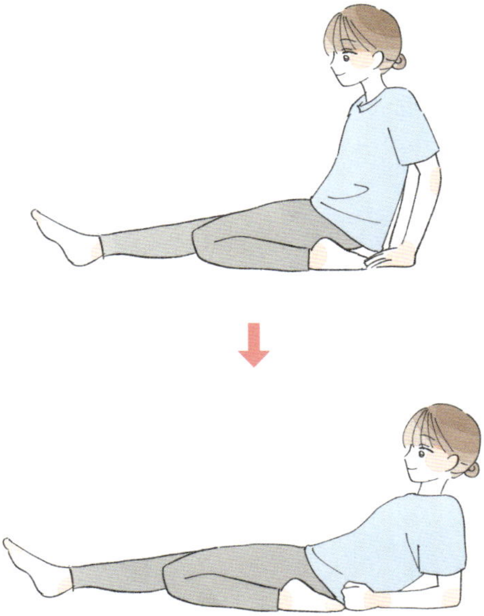

ストレッチの方法

❶両足をのばして床に座り、左ひざを曲げる。両手はおしりの後ろについて、体を支える。
❷息を吐きながら体をゆっくり後ろに倒し、左脚の前ももが心地よいのびを感じるところで30秒ほどキープする。
❸左右の脚を変えて❶〜❷を同様に行う。

physical

違うストレッチのやり方でもアプローチしてみましょう

大腿四頭筋をのばすストレッチは85ページでも紹介しています。同じ部位のストレッチも、やり方を変えてやってみることをおすすめしています。それは、体は同じ刺激を受けていると慣れてくるからです。たまに違うのばし方を取り入れてから、いつものストレッチに戻すと、当たり前になっていた筋肉ののびをまた感じられるようになったりします。

深い呼吸を続けながら、自分の体調に合わせて体を倒して負荷をかけます。倒せる人はひじがつくまで、さらに倒せるなら、背中をぺったり床につけましょう。

寝る前にやると、
リラックス効果もあって
快眠につながります

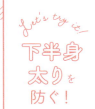

妄想シーン

20.

友人の結婚式での嬉しいハプニング

これってプロポーズ!?

胸キュンレベル
♥♥♥♥♥

あらすじ

他人への祝福が自分への祝福に

　チームの仲間の結婚式に出席することになった君島と沙織。幸せそうな新郎新婦の姿に感動する沙織。挙式後、新婦の希望で、参加者に自分たちの幸せをおすそ分けするイベント「ブーケトス」をするため、沙織を含めた独身女性一同が並ぶことに。

　進行役の人からブーケトスの説明があり、最後に「ブーケを受け取った人が次に結婚できるという言い伝えもある」とアナウンスが流れる。集められた女性は、誰がブーケを受け取るのか、ワクワクして待っていたが、実際、新婦が投げたブーケは明後日の方向に飛び、なぜか君島がキャッチしてしまう。

「え？俺？」といわんばかりにまわりを見まわす君島。沙織と目があった君島は、そのままそのブーケを沙織に向けて投げた。沙織は、慌てて手をのばし、受け取ると列席者から大きな拍手が沸きあがる。

　沙織は先ほどのアナウンスを思い出し、「これを私に投げてくれるってどういう意味だろう？もしかして、結婚を意識してる？」と勝手に妄想が膨らみ、顔が赤くなってしまう。

　沙織の反応を見た君島は、沙織に「結婚を意識して投げた」と思われていることを察知する。一瞬躊躇したものの

君島「次は僕たちってことで！」

　顔を赤らめながら恥ずかしそうに言う君島の顔を見た瞬間、頭の中で祝福の鐘が鳴り響き、これまでの不安は吹き飛び、心臓が飛び出そうなほど驚きと喜びを隠せない沙織だった。

メンタルチェック

偶然を利用したプロポーズの展開に脱帽

　YouTubeクラスのプロポーズ実況動画になりうる感動的なシーンですね。仲間を祝福する結婚式場がプロポーズ会場になってしまいました。君島さんの気の利くアクションも、ふつうの男じゃ太刀打ちできないクラスでしょう。お見事です。

　なんとなく将来を予感していた沙織さんは、至福の境地といったところだと思います。ありがちなプロポーズと異なり、偶然起こったことを利用して公開プロポーズにすることで胸キュン度は通常の2倍以上に跳ねあがります。最近、お互い仕事が忙しくてできた微妙な距離感も一気に埋まり、二人の関係性は、さらに高まることでしょう。

キュンを盛りあげるアイテム&ディティール

チャペルの鐘

鐘の音と一緒に天使も舞い降りる！

永遠の愛を誓うときに重要な効果音。音をイメージすれば、より幸せな気持ちになれる。

可憐なフラワーブーケ

純白のウエディングドレスに合う！

新婦が挙式の際に持つ清楚でかわいいウエディングブーケは幸せの象徴といえる。

Doki-Doki muscle
この瞬間のときめき筋肉

「彼からの突然のプロポーズ!?にキュンとする」の動作をやってみる!

［使う筋肉はコレ!］

広背筋《こうはいきん》
彼が投げてくれた花束を受け取ろうと腕をのばすことで背中ものびる
上腕《じょうわん》二《に》頭筋《とうきん》
彼が投げてくれた花束を受け取ろうとする
腸腰筋《ちょうようきん》
彼が投げてくれた花束を受け取るのに腰を反らせる

この動作から学ぶ筋肉
（腸腰筋）

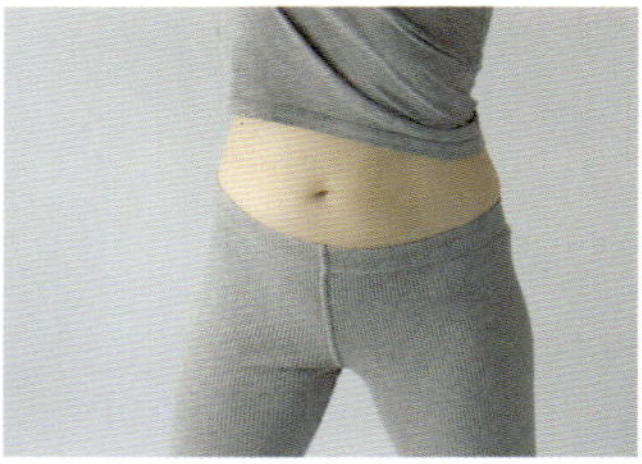

腸腰筋は、体の中心の一番深い所にある筋肉でふだん意識することが少ない筋肉といわれています。上半身と下半身をつなぐようにしてついている唯一の筋肉です。姿勢の安定や体幹、股関節の動きに関わっています。うまく機能しないと、腰のカーブに負担がかかって反り腰の状態になったり、ぽっこりお腹や、腰痛を引き起こしやすくなります。適度なストレッチで骨盤を安定させましょう。

Let's try it!

体幹を強化する！

腸腰筋

反り腰などの姿勢の悪さが気になる人の体幹を整える！

ストレッチの方法

1. 右足を前にして前後に脚を開く。
2. 両ひざを軽く曲げて、前かがみにならないように注意しながら腰を落とし、胸を張ったまま前方に重心を移動する。
3. 左の前ももがしっかりのびているのを感じながら30秒キープする。
4. 左右の脚を変えて同様に行う。

physical

ちょっとした隙間時間に反り腰改善

このストレッチをするときは、おしりをキュッと軽く締めて行いましょう。おしりの力が抜けていると筋肉がのびず、逆に腰を痛めてしまうので注意しましょう。

腹筋が弱くなっていると腰が前に出やすく、腰で上半身を支えて立つと骨盤が傾いて反り腰になってしまいますが、おしりを締めると骨盤の位置が戻って反り腰ではなくなります。

また、このストレッチに手をあげる動きをプラスするだけで、腸腰筋ののびがよく、上半身も一緒にのばされ、反り腰に関わる筋肉がのばしやすくなるでしょう。

体がふらつくならば、支えとして壁などに手を添えましょう！

妄想シーン

21

両親へのあいさつ

彼の緊張が伝わってくる

胸キュン
レベル

あらすじ

両親との対面で見えた誠実さ

　沙織の実家に結婚の挨拶をしに来た二人。ふだん、なんでもそつなくこなす君島だが、今日は、緊張している様子。
沙織「大丈夫?」
君島「大丈夫!でも緊張するね」
　君島の笑顔を見て安心し、いざ、二人で家の中に。君島は沙織の母が出してくれたお茶を飲もうとするが、湯呑みがカタカタ震えている。「卓也さんが震えるなんて……」いままで一度も見たことがない君島の緊張している姿にキュンとする沙織。
　ふすまの向こうからなにやら揉めている声が聞こえてくる。
父「わしは会わん!」
沙織「ごめんね。お父さん、すねちゃっているみたいで」
君島「大丈夫。いつまでも待つよ」
　10分後、ようやくふすまがあいて父親と母親が入ってきた。
　君島の顔つきが変わり、背筋をピンッとのばす。それを見て沙織の背筋も自然とのびる。父親はまだすねているものの挨拶をかわし、
君島「お嬢さんと結婚させてください」
　としっかりと両親に言葉を発している彼を見て、さらに胸がキュンとときめく沙織。
　最初はすねていた父親だったが君島の誠実さが伝わったようでその後、夕ご飯も一緒に食べ、帰り際にはすっかり打ち解けた。
君島「沙織は愛されて育ったんだね。それがすごくわかったよ」
　帰宅途中に君島がひと言ぽつり。こんな言葉をかけてくれる人と結婚できることに幸せを感じる沙織であった。

メンタルチェック

人生一大イベント ひたむきさから起きるときめき

　仕事、恋愛など何事もさらりとこなす君島さんでもこの日は人生で一番緊張する一大イベントの日でしょう。二人の絆は、強く結ばれていても、沙織さんの両親には認めてもらいたい一心で、いままでにない一生懸命さで対応しています。
　沙織さんには、君島さんのひたむきさが、自分のことをどれだけ大切に考えているかのバロメーターになっています。その誠実な態度に、またもや胸キュンをもらう沙織さん。このキュンは、いつもの恋愛中のキュンとは違う、もはや伴侶に対する信頼の惚れ直し系の気持ちで、これが夫婦の長続きの秘訣になる元にもなります。

キュンを盛りあげるアイテム&ディティール

温かいお茶

湯呑の中で茶柱が立っていれば最高!

湯呑に入れられた温かいお茶は、緊張からくる震えを表現するのにもってこいのアイテム。

純日本風の客間

正座で緊張感をさらに演出!

両親への結婚の挨拶は、洋室よりも和室のほうが、より挨拶の緊張感をアップさせる。

Doki-Doki muscle
この瞬間のときめき筋肉

「彼の真剣な姿を見てキュンとする」の動作をやってみる!

［使う筋肉はコレ!］

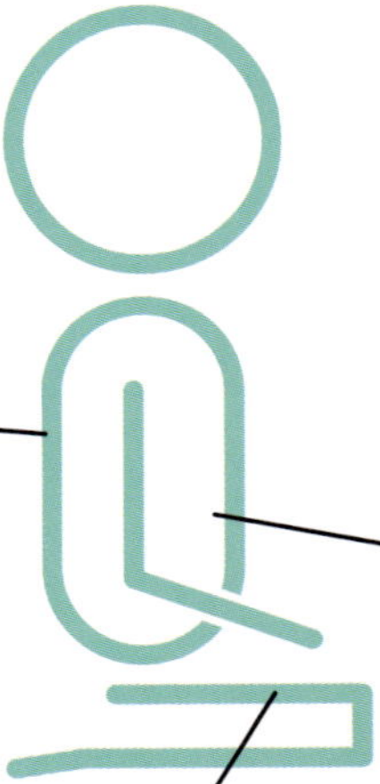

脊柱起立筋《せきちゅうきりつきん》

彼が両親への結婚の挨拶をするのを隣で聞くことに緊張してしまい、誠意をみせるためにも一緒に背筋がまっすぐのびた状態をキープする

腹直筋《ふくちょくきん》

目の前に両親が登場し、彼の背筋がのびたのを見て自分も背筋をのばすため、お腹に力が入る

大腿四頭筋《だいたいしとうきん》

和室のため、結婚の挨拶をする間、ひざを曲げて正座をし続ける

この動作から学ぶ筋肉

腹斜筋

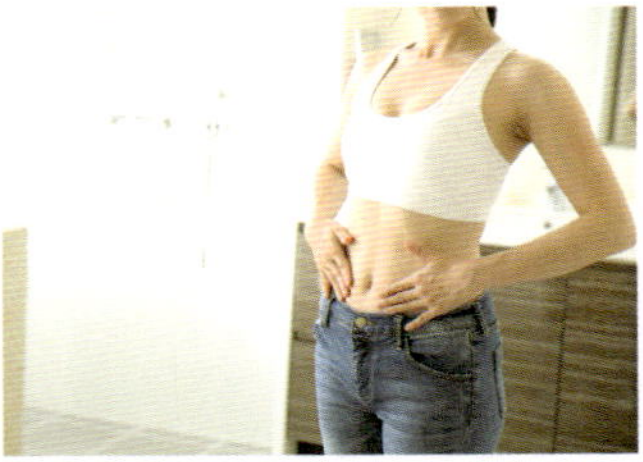

腹斜筋は体をひねったり、横に倒す、丸めるという動作をしたり、コルセットのようになって内臓を支えてその位置を安定させています。腹斜筋が弱まると、腹部の安定性が低下し、姿勢が悪くなったり、腰痛や背中の痛みを引き起こす可能性も。お腹まわりに位置する筋肉なので、この筋肉を適度に鍛えるとお腹が引き締まり、骨格によって個人差があるもののくびれができてきます。

Let's try it!
お腹まわりをすっきりさせる！

腹斜筋　腹横筋

姿勢が悪く肥満気味の人の腹部にくびれを作る！

ストレッチの方法

❶あぐらを組み、右手をお腹にあてて、左手を腰にまわす。

❷腰にまわした左手の方向（左）に体をひねる。そのまま上体をできるところまで前に倒し、脇腹ののびを感じながら30秒キープする。

❸左右の手を変えて❶〜❷を同様に行う。

physical

さまざまなストレッチと組み合わせる

あぐらの体勢が辛い人は、正座やイスなど無理なくできる格好でやってみましょう。❷の体をひねったまま、上体を前に倒す際、倒す角度が自分で決められるのが、このストレッチのポイントです。

脇腹のあたりが気持ちよくのびているのを感じながらストレッチしてみましょう。呼吸は、ゆっくりと鼻から息を吸って、口から吐きましょう。

ふだんから自分の姿勢を意識して、姿勢改善のストレッチと組み合わせて行うとお腹のくびれを出すのに効果的です。

自分の苦しくない範囲の負荷をかけてやってみましょう！

妄想シーン 22

二人の門出！

祝福の嵐の中のキス！

胸キュンレベル

あらすじ

二人の門出！ 恥ずかしさが幸せに変わる

……1年後。

今日は待ちに待った結婚式。

新婦の控室に入ってきた君島。

君島「沙織。すごくきれいだね」

沙織「……ありがとう」

君島に褒められて嬉しいものの、それよりも君島のタキシード姿を見て、ドキドキする沙織。挙式が無事終わり、これから夫婦としてやっていくことを神様に誓った二人。感動で途中号泣してしまった沙織だが幸せいっぱいの気持ちになる。

披露宴は和気あいあいとした雰囲気で仕事仲間たちから余興とお祝いの言葉が贈られる。

仲間「…では、我々からリクエストで最後に記念撮影したいので二人でハートを作りながら、キスしてください！」

と恥ずかしい要求をされる。

君島「なんだそれ！やらないよ」

と笑って答えながら沙織を見る君島。沙織は、恥ずかしそうにかたまっている。

君島「恥ずかしいと思うけど、みんな喜んでくれるなら、やってみようよ。ハート」と耳元でささやかれて、ときめく沙織。

沙織「そうだね……」

君島「大丈夫。ほっぺにするから……。披露宴が終わったら、ちゃんとキスしよう」

といままでの君島から想像できない言葉をかけられて赤面してしまう沙織。君島の言うことを受け入れて、お互いの手でハートを作り、キスをすることに。

すると会場中から歓声が沸き起こる。恥ずかしい反面、みんなに祝福される幸せをかみしめる沙織だった。

メンタルチェック

いつまでも幸福感をキープする方法

至上の祝福に包まれた二人。ここまでよく頑張りましたね！結婚が必ずしもゴールではありませんが、恋愛がひとつのカタチに成就したことは、大きな歓びでしょう。

多くのハプニングや胸キュンを経てこの日に至ったことは、二人の人生に必要な意味を与えたと思います。

胸キュンは、「あのとき嬉しかった、ドキドキした」など一生モノの思い出ですし、二人が困難に立ち向かうときも、今日の気持ちを思い出すだけで、いつでも幸せの感覚が戻り、絆を強化することができるのです。

つまり胸キュンは魔法、しかも無料の万能薬といえますね。

キュンを盛りあげるアイテム&ディティール

二人で作るハート

胸キュンの王道のポーズ！

ハートは愛の象徴。大好きな人との共同作業で作り出す演出は胸キュンの演出になる。

夢のウェディングドレス

幸せのオーラ全開になる！

恋愛のゴールは結婚だけではないがウェディングドレスを一度は着てみたいと思う人は多い。

Doki-Doki muscle
この瞬間のときめき筋肉

「夫に耳元でささやかれて赤面する」の動作をやってみる！

〔使う筋肉はコレ！〕

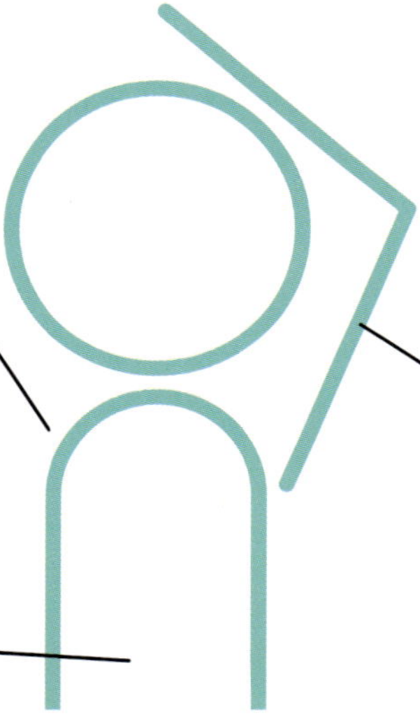

広背筋《こうはいきん》

夫が作ったハートが少し高めだったので左腕を高くのばしたり、曲げたりする際に背中の筋肉も一緒に動く

上腕三頭筋《じょうわんさんとうきん》

手でハートを作るために左手の二の腕を上にのばして夫の手に近づくように少し傾ける

腹斜筋《ふくしゃきん》

自分が作ったハートが夫の作ったハートと重なり合ってハートに見えるように腕を動かして微調整する際に一緒に動く

この動作から学ぶ筋肉

二の腕

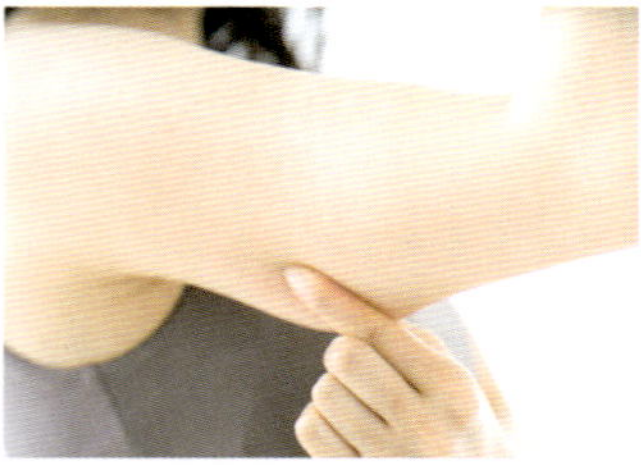

よく日常会話で耳にする「二の腕」とは、肩からひじまでの筋肉のことを指します。二の腕は冷えやすく、血行不良が起きやすい部位です。

血行不良やリンパの滞りで老廃物が溜まると、脂肪やセルライトがつきやすい状態になり、気づかないうちに二の腕がタプタプし、太くなってしまいます。女性はとくにこの二の腕のタプタプを気にしがちなので適度なストレッチをするのが効果的です。

Let's try it!

二の腕をすっきりみせる!

上腕三頭筋

たるんだ二の腕が気になる人の腕を細腕にさせる!

ストレッチの方法

1. 右の腕を上げ、ひじを曲げて背中側にまわす。
2. 左の手でひじをつかみ、そのままひじを横に引いて30秒腕の筋肉ののびをしっかり感じながら30秒キープする。
3. 左右の腕を変えて同様に行う。

physical

やり続けると二の腕がほっそり!

このストレッチが効く上腕三頭筋は、二の腕の裏側(ひじをのばしたときに力を入れると使われる筋肉)のため、日常であまり使われません。二の腕をほっそり見せるには、腕の筋肉のバランスを整えるのがポイント。このストレッチで上腕三頭筋を動かすことで、肩の位置が正しい位置に誘導されます。肩の位置が正しくなると姿勢がよくなり、二の腕がゆるんで太くなるのを防ぎます。

このストレッチは、体を倒さずに背筋をのばして行い、手が後ろにまわらない場合は、前から腕を押すとよいでしょう。

二の腕が気になるなら
絶対にやったほうが
いいですよ!

Column
03
放課後

Remember！胸キュン!!

いつもふざけあっていた男友達を急に意識してしまうような出来事。少女漫画の定番「壁ドン」・「あごクイ」とともに胸キュンにひたってみるのはいかがでしょうか。

あなたの中の学生時代のときめきを思い出す

青春アイテム

ラブレター

校内でラブレターを渡すというのも、みんなが近くにいるという安心感からかも。ロッカールームは人気の渡し場？

廊下

壁ドンの人気エリアのひとつである廊下。走ってはいけないのは、みんな知っているが壁ドンが禁止の学校があるのだろうか？

壁ドン

人気の動作だが、男性は立ち位置に注意しないと相手の女性との距離が微妙になってしまうことがあるかもしれない。

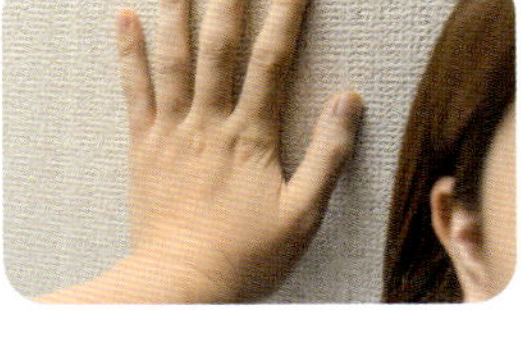

あらすじ

キモチを察してもらえないから大胆な行動に打って出る！

沙織は気になる男子(人気者)が女子からラブレターをもらっているのを偶然見てしまう。そのまま胸ポケットにもらった手紙を入れている男子と廊下ですれ違う沙織。

沙織は内心穏やかではなく、動揺して複雑な気持ちでいっぱいだが、それを隠して「モテモテだね！」と笑顔で声をかけて走り去ろうとする。しかし気持ちを隠しきれていない泣きそうな沙織の表情と、何故かそれが気に入らない男子は「てかさ、違うって！」と叫んで沙織の腕を引っぱり壁ドンする。

気持ちをこらえきれず涙目になった沙織は、目を逸らしながら「大切そうにポケットに入れてるじゃん」と思わず言ってしまう。男子からあごクイされ「こっち見てよ、こんなの関係ねぇよ！」と言われる。

男子はなにか伝えたいことがあるようなのだが、思ったよりか弱い感触の沙織のほっぺたにすっかり舞いあがってしまいなにも言えない。

メンタルチェック

自己愛が勝り、一歩が踏み出せない。大人には、もうない繊細さを楽しむ

もう少し、大人のように思慮深さが備わっていれば相思相愛になるキッカケのシーンですね。でもお互い気の効いた言葉が出せない。もどかしさは、青春の甘酸っぱさやほろ苦さのエッセンスです。

言いたくても言えない、勇気がない？断られたら、笑われたら？嫌いと言われたら？ネガティブが先に頭をよぎり恐怖でフリーズしてしまうのです。得るためのリスクより失うリスクが勝ってしまうのです。

大人から見れば当たって砕けろなんですが、そう考えられないのが実は胸キュンのおいしいところなんです。

すべて読み終えて「こんなのドラマや漫画の世界だし……」と卑屈になっていませんか？現実にあってもなくても関係ないんです！あなたが「勝手にイメージしてワクワクする」ことが一番大事。あなたのなかの胸キュンのときめきが永遠に続きますように

あのキュンで動くのはここ!

ときめき筋肉図鑑

「ときめきストーリー」内で胸キュンしている間に動く31の筋肉をここで一挙ご紹介。詳しく知れば、ストレッチで筋肉の両端をのばしていく動きのイメージがよりしやすくなります。

この図鑑の見方

ここでは、顔・体（前）・体（後ろ）・胴まわり・背中とそれぞれの筋肉が見やすいようにパーツに分けて紹介しています。ふだんの生活のなかで聞いたことのあるようなものから、耳なじみのない筋肉まで、どれもストーリーの動きに関連した筋肉です。それぞれの筋肉の場所や働きを詳しく知り、ときめきとともに意識して動かせば、きっとストレッチの効果も高まることでしょう。

※筋肉はサイズや強さに差はあれ、左右対称に体についています。この図鑑では筋肉どうしの重なりで見えなくならないように、体の左右で別の筋肉を紹介しています。
※ストーリーに出てくる筋肉を基本にしているので、すべての筋肉を紹介しているわけではありません。

顔

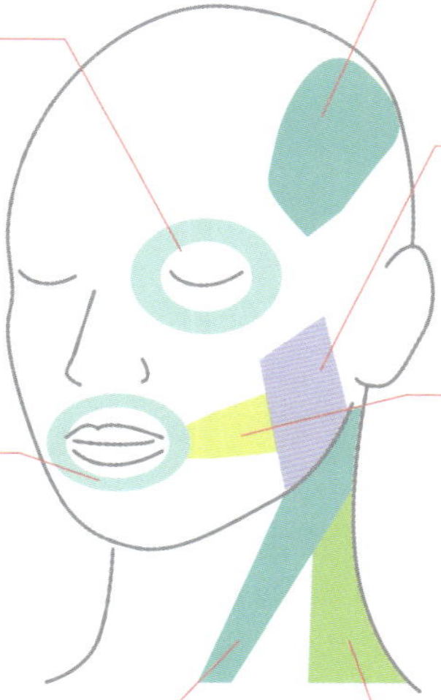

側頭筋《そくとうきん》

こめかみと耳の上を結ぶ線から、後頭部の方向へ長方形につらなる頭皮下の筋肉。下あごとくっついて、噛むときに使われる。

眼輪筋《がんりんきん》

目のまわりにあるドーナツ状の筋肉。瞬きをする際に動く。

咬筋《こうきん》

頬骨と下あごをつなぐ筋肉。食事や会話、あくびなど、あごを動かすときに使われる。

頬筋《きょうきん》

顔の側面に位置する筋肉。表情や口を動かす。頬骨から下顎骨（がかくこつ）にかけて広がっていて、口のまわりにある口輪筋と連動して動く。

口輪筋《こうりんきん》

口のまわりにあるドーナツ状の筋肉。口を動かす際に動く。

胸鎖乳突筋《きょうさにゅうとつきん》

耳の下あたりから鎖骨までを斜めにつなぐ筋肉。首の左右に1本ずつあり、首を動かしたり、頭蓋骨を支える役割がある。

斜角筋《しゃかくきん》

首の側面に位置する一連の筋肉群（前斜角筋、中斜角筋、後斜角筋）。首の骨からはじまって、肋骨の上部二つについている。首を動かす役割があるのと、肋骨を持ち上げて胸郭を広げることで呼吸を補助している。

体（前）

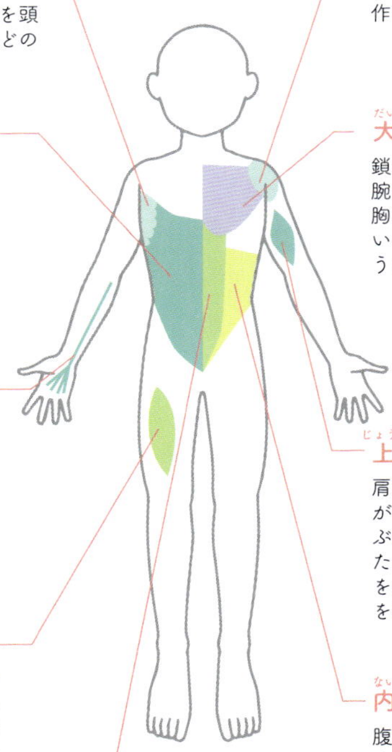

前鋸筋《ぜんきょきん》

肋骨の外側の部分から肩甲骨までつながっている筋肉。肩甲骨を動かして、押し出す動作や、パンチ、物を頭上に持ちあげる動作を助けるなどの働きをする。

外腹斜筋《がいふくしゃきん》

肋骨の下半分から骨盤のあたりまである筋肉。体をひねる、横に倒す、丸めるという動作とコルセットのようになって内臓の位置を安定させる役割がある。

長掌筋《ちょうしょうきん》

ひじのあたりから、手のひらの腱膜までにある筋肉。前腕の筋肉と協力して手や指の動作を補助する。

大腿《だいたい》四《し》頭筋《とうきん》

前ももにある筋肉。筋肉の中で最も体積の大きい筋肉。立ちあがる、歩く、階段を上る、しゃがむなどの日常の動作に欠かせない働きをする。ジャンプが必要なスポーツでも多用される。

三角筋《さんかくきん》

肩にある三角の形をした筋肉。肩関節を動かす。腕をあげる動作で使われる。

大胸筋《だいきょうきん》

鎖骨と胸骨、肋骨の一部から、腕の骨の上部にかけて広がる胸の筋肉。腕を動かし、四つ這いのように腕で体重を支えるようなときも使われる。

上腕《じょうわん》二《に》頭筋《とうきん》

肩甲骨からひじのあたりにつながっている筋肉。いわゆる力こぶの部分。手のひらを回転させたり、肘関節の屈曲によって腕を曲げたり、肩関節の屈曲で腕を動かす。

内腹斜筋《ないふくしゃきん》

腹部の側面に位置する筋肉。外腹斜筋の内側に位置しており、腹部の中層にある筋肉。体幹の安定や体をねじる動きをする。

腹直筋《ふくちょくきん》

肋骨の中間あたりから恥骨までつながっている筋肉。鍛えるとお腹の筋肉がキレイに割れて見える筋肉。シックスパックと呼ばれる。体を曲げたり横に倒したりする動作や呼吸運動を行う。

体（後ろ）

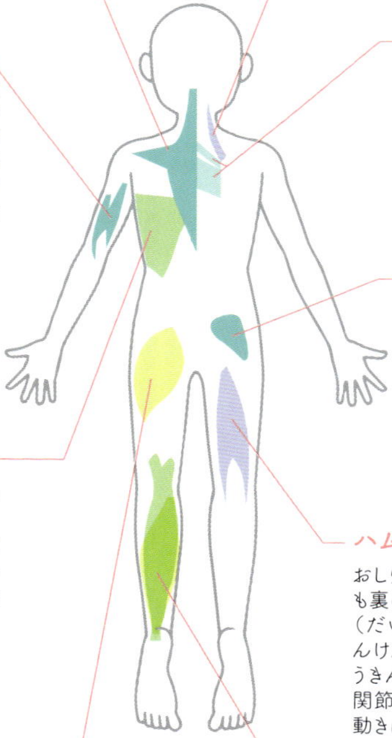

僧帽筋《そうぼうきん》

首から背中にかけて広がっている大きな筋肉。姿勢の維持に関わり、肩甲骨を動かして日常のさまざまな動作を行う。

肩甲挙筋《けんこうきょきん》

首の骨から肩甲骨までに位置する筋肉。首と肩をつないでいて、背中の筋肉の中で表層部分にある。頭部と肩を動かす役割がある。

菱形筋《りょうけいきん》

首の後ろの骨が出ているあたりから、肩甲骨の内側につながっている筋肉。僧帽筋よりも深いところにあるインナーマッスル。肩甲骨を背骨側に引き寄せたり、胸を開いたり、なにかを引っ張るなどの動作をする。

上腕三頭筋《じょうわんさんとうきん》

腕の後ろ側に位置し、肩から肘までにつながる筋肉。二の腕の部分。肘をまっすぐにする動作で、腕を伸ばす動作に重要な役割をする。服の袖に手を通す動きや座面に手をついて押したりするときに使われてる。

中殿筋《ちゅうでんきん》

背中側のおしりの上部に位置する筋肉。足を動かすときに股関節を安定させる働きをしていて、歩行中や片足立ちのときに骨盤を支えている。

広背筋《こうはいきん》

背中の中心部分から脇の下あたりの腕の骨までにかけてある筋肉。逆三角の形をしていて、広くて平な筋肉。腕を体に引きつけたり、物を脇に挟むなどの動作をする。

ハムストリングス

おしりのつけ根からひざまでにある、太もも裏の三つの筋肉の総称。大腿二頭筋（だいたいにとうきん）、半腱様筋（はんけんようきん）、半膜様筋（はんまくようきん）からなる。股関節を伸ばし、膝関節を曲げ、歩行やランニングなど足の動きに関わる。

大殿筋《だいでんきん》

臀部の筋肉のうち最も表層部にある大きな筋肉。また、単一筋としては人体の中で最大の面積をもつ。胸腰筋膜を介して広背筋とつながっている。主な動きは太ももを後ろに引く動作。立つ、座る、走るなどの動きに大きく関わる筋肉。

下腿三頭筋《かたいさんとうきん》

ひざから足首までの部分（下腿）の後面に位置する筋肉。ふくらはぎと呼ばれる部分で、腓腹筋（ひふくきん）とヒラメ筋からなる。歩行、走行、立ち姿勢の保持に働く。血液を心臓に送り出すポンプの役割も。

胴まわり

腹横筋《ふくおうきん》

骨盤と肋骨の間を包み込むようについている筋肉。腹筋の中でも一番深いところについているインナーマッスル。内臓を保護し、体幹を安定させるコルセットのような役割。

腸腰筋《ちょうようきん》

腰から足の付け根に位置する筋肉。上半身と下半身をつなぐインナーマッスル。股関節や体幹を安定させ、スムーズに体を動かす役割。

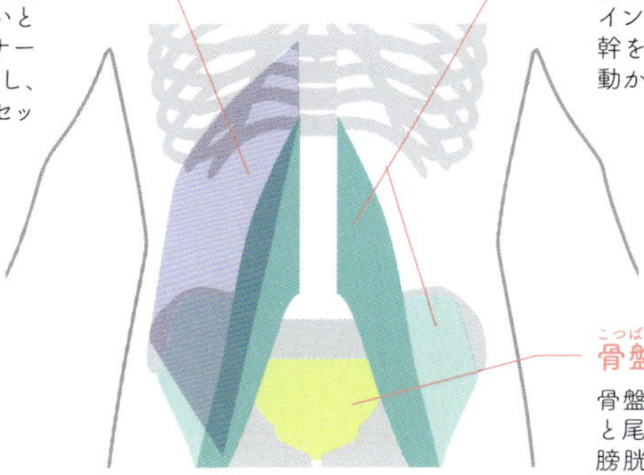

骨盤底筋《こつばんていきん》

骨盤の底に位置する筋肉。恥骨と尾骨および坐骨の間にある。膀胱、子宮、直腸といった骨盤内の内臓の位置を保つ。体を支え、排泄をコントロールする役割もある。

背中

半棘筋《はんきょくきん》

首から胸にかけてまであるインナーマッスル。脊椎のうちの半分までしかないため半棘筋という。日常生活の動作において体幹を支えて安定させ、姿勢を維持している。

脊柱起立筋《せきちゅうきりつきん》

背骨の両側にあり、首から骨盤にかけて位置している細長い筋肉。棘筋(きょくきん)、最長筋(さいちょうきん)、腸肋筋(ちょうろくきん)の3つの筋肉からなる。背骨を立てて姿勢を維持させる働きや、腰を反ったり、上半身を傾ける動きなどをする。

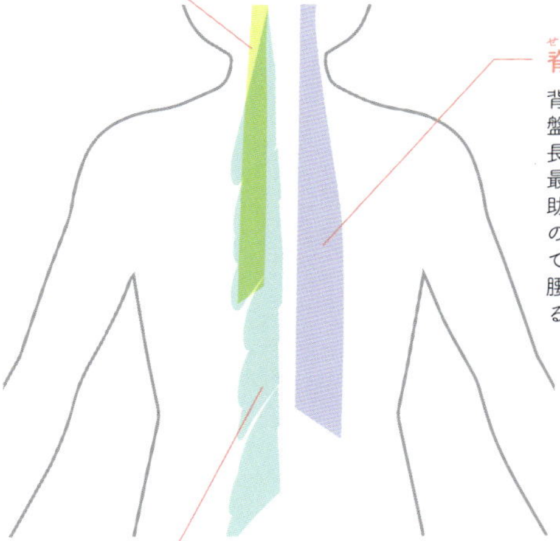

多裂筋《たれつきん》

半棘筋の深層に位置するインナーマッスル。首から腰までの長い筋肉のように見えるが、細かい筋肉の集まりで、背骨と背骨をつないでいる。大きな動きを行うというよりも、背骨や体幹の安定性を保つ役割をしている。

著者紹介

漫画

アキヤマ香

2004年、『天涯の住人』で小学館新人コミック大賞(ヤング部門)佳作を受賞。2006年、『アイボリー』で『YOU』誌の新人賞を受賞。作品に『アスコーマーチ！～県立明日香工業高校行進曲～』『ぼくらの17-ON！』『HELP！』『ブラウンシュガー』『僕のおとうさん』『長閑の庭』『片恋グルメ日記』『それでも男は信じません』『さゆりミュージック散歩』など。『アスコーマーチ！』『長閑の庭』『片恋グルメ日記』はテレビドラマ化されている。

ストレッチ監修

前田修平

保有資格:はり師、きゅう師、NASM-PES(=米団体のトレーナー資格)
1985 年 京都府出身。
学生時代、自らの度重なるケガ・不調の経験から、質の高いケアができるトレーナーを志す。大学卒業後、営業職を経てトレーナーに転身。夜間は学校に通い、鍼灸師の資格を取得。大学のトレーニングルームや整形外科などに勤務し、延べ3万人以上のトレーニング指導・施術をおこなう。運動方法などを紹介する YouTube チャンネル「前田のまいにちセルフケア!by GronG」は、登録者数約 30万人(2025年3月時点)。誰でも簡単にできるセルフケアを中心に紹介している。

ココロのエクササイズ

胸キュン向上委員会

人が人を思う、恋い慕う気持ちが、突然のハプニングで見えてしまう「胸キュン」をココロのエクササイズとしてとらえ「世知辛い世の中」を少しでも明るくしたいという任意の有志で構成された一時的な集団。イメージキャラクターとして「メンタリスト 大河内心三郎」を起用している。

STAFF

企画・原案
船田真喜　小林朗子

編集
ひょっとこプロダクション
（吉村ともこ　河上真純　佐々木奈津子　石丸美穂　小谷由紀恵）

デザイン
佐藤春菜　原沢もも

ストレッチシーン イラスト
佐藤春菜

執筆協力
真柄ナオ　新川真澄　五島スマイソン

イマジネーションストレッチ

発行日　2025 年 4 月 30 日　初版第 1 刷発行

発行人　須永礼
発行所　株式会社メディアパル
〒162-8710　東京都新宿区東五軒町 6-24
TEL 03-5261-1171
FAX 03-3235-4645
印刷・製本　株式会社光邦

ISBN　978-4-8021-1087-7　C2076